河南省软科学研究项目"河南省县级医疗卫生支出绩效测度与优化研究"（项目编号：212400410509）

新时代财政医疗卫生支出绩效评价
及提升路径研究

徐颖科◎著

西南财经大学出版社

中国·成都

图书在版编目(CIP)数据

新时代财政医疗卫生支出绩效评价及提升路径研究/徐颖科著.—成都:西南财经大学出版社,2023.10
ISBN 978-7-5504-5916-8

Ⅰ.①新… Ⅱ.①徐… Ⅲ.①医疗保健事业—财政支出—研究—中国
Ⅳ.①F812.45②R199.2

中国国家版本馆 CIP 数据核字(2023)第 159396 号

新时代财政医疗卫生支出绩效评价及提升路径研究
XINSHIDAI CAIZHENG YILIAO WEISHENG ZHICHU JIXIAO PINGJIA JI TISHENG LUJING YANJIU

徐颖科　著

策划编辑:王甜甜　　王琳
责任编辑:王甜甜
责任校对:李建蓉
封面设计:墨创文化
责任印制:朱曼丽

出版发行	西南财经大学出版社(四川省成都市光华村街 55 号)
网　　址	http://cbs.swufe.edu.cn
电子邮件	bookcj@ swufe.edu.cn
邮政编码	610074
电　　话	028-87353785
照　　排	四川胜翔数码印务设计有限公司
印　　刷	四川五洲彩印有限责任公司
成品尺寸	170mm×240mm
印　　张	11
字　　数	269 千字
版　　次	2023 年 10 月第 1 版
印　　次	2023 年 10 月第 1 次印刷
书　　号	ISBN 978-7-5504-5916-8
定　　价	68.00 元

前言

2012 年，党的十八大报告指出"健康是促进人的全面发展的必然要求"，要"为群众提供安全有效方便价廉的公共卫生和基本医疗服务"。2016 年 8 月 19 日，在全国卫生与健康大会上，习近平总书记提出"大健康、大卫生"理念，"将健康融入所有政策，人民共建共享"，强调"没有全民健康，就没有全面小康，要把人民健康放在优先发展的战略地位"。2016 年，中共中央、国务院印发了《"健康中国 2030"规划纲要》。2019 年，国务院印发《国务院关于实施健康中国行动的意见》。2022 年，党的二十大报告强调要"推进健康中国建设"，"把保障人民健康放在优先发展的战略位置，完善人民健康促进政策"。从启动"健康中国"战略研究，到提出"健康中国"，再到提出"健康中国"战略，体现了"健康中国"行动在不断升级。

自"健康中国"战略实施以来，政府不断加强新时代公共卫生服务供给，扩大公共卫生普惠范围，增加公共卫生机构数量和优化分布结构。政府建立健全了重大突发公共卫生事件应急机制，以及传染病疫情和突发公共卫生事件的监测预防、风险评估、应急响应、救治体系；加快建立和完善公共卫生人才队伍建设，推进公立医院综合改革，全面取消医用耗材加成，优化医疗卫生资源配置；组建国家卫生健康委员会和国家医疗保障局，整合城乡居民基本医疗保险制度，将生育保险基金并入职工基本医疗保险基金，实施了基本医疗保险个人账户改革和门诊共济改革，实施城乡居民医疗救助制度。卫生健康资源供给能力显著提高，"看病难、看病贵"的状况得到显著改善，建成了世界上规模最大的社会保障体系，逐步实现了从以疾病控制为中心向以维护全民健康为中心的转变，医疗卫生服务水平和人民健康水平不断提高，居民主要健康指标平均水平总体优于中高收入国家平均水平，我国卫生健康事业步入高质量发展阶段。

医疗卫生事业是重大民生问题，为人民健康提供医疗卫生服务是政府的职责。医疗卫生事业具有特殊属性，单靠市场供给难以满足人民对健康的需要，政府介入医疗卫生领域，不仅可以弥补市场失灵，提高特殊群体抵御疾病损害的能力，减少因病致贫现象，还可以为中国式现代化建设提供健康人力资本，助推高质量发展和实现中华民族伟大复兴。

进入新时代以来，财政支持医疗卫生事业的政策转向"供需同补"，"补需方"通过完善医疗保障制度提高居民医疗支付能力，"补供方"则通过调整供给结构提高基层卫生机构的医疗供给能力。财政医疗卫生支出规模持续增加，结构不断优化。2003—2020 年，名义政府卫生支出增长 17.5 倍，财政卫生支出占卫生总费用的比重增加了将近13%。2009 年以后，财政卫生支出占卫生总费用的比重稳定保持在30% 左右，2003—2021 年，社会卫生支出占卫生总费用的比重增加了将近 18%。2007—2021 年，中央政府卫生支出和地方政府卫生支出比例大致稳定在 3∶7，2003—2021 年，城乡卫生技术人员人数比、执业（助理）医师人数比和医疗卫生机构床位数比缩小到 1.5 倍左右。

2007—2021 年，东部、中部和西部地区的人均财政医疗卫生支出分别增加了 7 倍、9 倍和 9 倍，人均财政医疗卫生支出的年均增长率分别为 16.32%、18.86% 和 18.38%。

财政医疗卫生支出公平度仍需提高。卫生资源配置不公平程度由 2003 年的 2.84，缩小到 2021 年的 1.7；城乡健康不公平程度由 2003 年的 2.38 下降到 2021 年的 1.5；财政卫生支出不公平程度由 2003 年的 2.59 下降到 2021 年的 1.59，2003—2009 年，财政医疗卫生支出不公平程度下降了 0.17，2010—2021 年，财政医疗卫生支出不公平程度下降了 0.67。整体公平度得分虽然一直呈不断增长趋势，但是整体公平度得分仍然较低，除 2021 年之外，其余年份整体公平度得分都在 0.6 以下。

财政医疗卫生支出效率显著提升。从技术总效率看，总体效率平均值为 0.861，2003—2009 年总技术效率值平均为 0.826 2，2010—2021 年总技术效率值平均为 0.881 1，2016—2021 年总技术效率值均值为 0.941 3。不同阶段总技术效率均值的增加，显示了 2009 年的新医改和"健康中国"战略对财政医疗卫生支出效率提升的促进作用。从纯技术效率看，2003 年、2018 年和 2021 年为 DEA 有效，纯技术效率平均值为 0.925，纯技术效率总体呈现出不断提高的趋势。从规模效率看，规模效率值呈现先升后降的变化趋势，2003—2018 年规模效率值从 0.874 增加到 1，2019—2021 年规模效率值从 0.976 下降到 0.87。

财政医疗卫生支出综合绩效指数持续增长。2003—2011 年，财政医疗卫生支出综合绩效指数综合得分均值为 0.658 5，2012—2021 年，综合得分均值为 0.756 6，第二阶段均值比第一阶段增加了 14.9%，从绩效及格水平的区域进入到绩效良好（75 分以上为良好）区域。虽然财政医疗卫生支出公平度有所提高，但是仍处在绩效较差的区域。影响综合绩效提高的关键因素在公平度，财政医疗卫生支出政策调整的重点应该是提高公平度绩效，缩小城乡之间医疗资源配置差距，给居民提供可及的医疗服务以提高整体健康水平。

本书的研究建立了一个财政医疗卫生支出绩效二维评价框架和模型，利用灰色理论和 DEA 模型的优点，客观地对财政医疗支出绩效进行了评价，丰富了财政医疗卫生支出绩效的理论研究和实证研究。

本书获得河南省软科学研究项目"河南省县级医疗卫生支出绩效测度与优化研究"（项目编号：212400410509）、2021 年河南省研究生创新培养教育基地项目（YJS2021JD19）、河南财经政法大学国家一般项目培育项目"县乡公共财政农村卫生支出绩效评价与优化研究"支持。

本书在撰写过程中参考了大量已出版和发表的国内外相关研究成果，在此向这些学术成果的作者致以诚挚的谢意。西南财经大学出版社对本书的出版给予了大力支持和帮助，本书的编辑王琳、王甜甜同志对本书进行了细致的编校，在此感谢所有编辑的大力支持。由于作者水平有限，书中可能存在疏漏和不妥之处，敬请各位专家及广大读者不吝赐教，提出宝贵的意见和建议。

徐颖科

2023 年 8 月

目录

第一章 导论

第一节 研究背景和意义

一、研究背景

(一) 中国特色社会主义进入新时代

习近平总书记指出："正确认识党和人民事业所处的历史方位和发展阶段，是我们党明确阶段性中心任务、制定路线方针政策的根本依据。"[①] 社会科学研究也离不开其所处的社会经济时代背景。

自党的十八大以来，中国特色社会主义进入了新时代。以习近平同志为核心的党中央，团结带领全党全国各族人民，积极应对复杂多变的国际形势、新冠病毒感染疫情和世界经济深度衰退等多重冲击，贯彻落实新发展理念，深化供给侧结构性改革，制定一系列具有全局性意义的区域重大战略，着力推动高质量发展，我国经济实力实现历史性跃升，人民生活水平跃上新台阶。

2013—2021 年，我国国内生产总值年均增长率为 6.6%，高于同期世界 2.6% 和发展中经济体 3.7% 的平均增长水平，对世界经济增长的平均贡献率达到 38.6%；对外贸易总额由 2012 年的 4.4 万亿美元增加到 2021 年的 6.9 万亿美元，成为全球第一大贸易国；实际使用外商直接投资由 2012 年的 1 133 亿美元增加到 2021 年的 1 735 亿美元，年均增长率为 4.8%。产业结构持续优化，三次产业结构比重由 2012 年的 9.1∶45.4∶45.5 调整为

---

① 习近平.把握新发展阶段，贯彻新发展理念，构建新发展格局 [J].求是，2021 (9)：4-18.

2021 年的 7.3：39.4：53.3。创新投入快速增加，研究与试验发展（R&D）经费支出由 2012 年的 10 354 亿元增加到 2021 年 27 956 亿元；国内外专利申请授权量由 2012 年的 124.3 万项增加到 2021 年的 460.1 万项，比 2012 年增长 2.7 倍；绿色发展态势向好，清洁能源占能源消费总量的比重由 2012 年的 14.5% 提高到 2021 年的 25.5%；2021 年单位国内生产总值能耗比 2012 年累计降低 26.4%。2013—2021 年，累计新增水土流失综合治理面积 53.4 万平方千米；2021 年城市污水、生活垃圾无害化处理率分别为 97.5%、99.9%，分别比 2012 年年末提高了 10.2%、15.1%。2013—2020 年，全国农村贫困人口累计减少 9 899 万人，全国就业人员稳定在 7.4 亿人以上，城镇新增就业人数每年保持在 1 100 万人以上。全国居民人均可支配收入 2021 年达到 35 128 元，比 2012 年增加 18 618 元，年均实际增长率为 6.6%。

据统计，2021 年，我国 GDP 相当于美国的 77.1%，是日本的 3.6 倍、印度的 5.6 倍[①]。我国主要产品产量稳居世界前列，其中粗钢、煤、发电量、水泥、化肥、汽车、微型计算机和手机等产品产量稳居世界第一位。我国开通 5G 基站 142.5 万个，建成全球最大 5G 网；高铁运营里程达 4 万千米，建成世界上最发达的高铁网；固定宽带用户数达到 5.4 亿户，移动电话用户数达到 16.4 亿户，稳居世界第一；互联网普及率达 73%，较 2012 年提高 30.9 个百分点；按折合全时工作量计算的全国研发人员总量为 562 万人/年，连续 9 年居世界第一；发明专利有效量达 359.7 万项，我国在全球创新指数中的排名由 2012 年的第 34 位跃升至 2021 年的第 12 位。全国地级及以上城市平均空气质量优良天数占比为 87.5%，地表水水质优良（Ⅰ～Ⅲ类）断面比例为 84.9%。全国基本养老保险、基本医疗保险覆盖人数分别达 10.3 亿人、13.6 亿人，建成世界上规模最大的社会保障体系。九年义务教育巩固率、高中阶段毛入学率、高等教育毛入学率分别达 95.4%、91.4%、57.8%，劳动年龄人口平均受教育年限达 10.9 年。人均预期寿命由 2010 年的 74.8 岁提高至 2021 年的 78.2 岁，婴儿死亡率由 2012 年的 10.3‰ 下降至 2021 年的 5.0‰。

中国特色社会主义进入新时代，我国消除了绝对贫困，实现了第一个

---

① 国家统计局. 综合实力大幅跃升 国际影响力显著增强：党的十八大以来经济社会发展成就系列报告之十三 [EB/OL]. (2022-09-30) [2022-10-30]. https://www.gov.cn/xinwen/2022-09/30/content_5715091.htm.

百年奋斗目标，并开启了实现第二个百年奋斗目标的新征程。2017年10月18日，党的十九大报告指出"中国特色社会主义进入了新时代，社会主要矛盾已经转化为人民日益增长的美好生活需要和不平衡不充分的发展之间的矛盾"①。在新发展阶段，发展不平衡不充分，科技创新能力不强，城乡区域发展和收入分配差距较大等仍然是我国面临的现实问题。解决这些问题，需要贯彻落实新发展理念，实现创新驱动绿色发展，促进人与自然和谐共生；需要坚持人民利益至上，"要把实现人民对美好生活的向往作为现代化建设的出发点和落脚点，着力维护和促进社会公平正义，着力促进全体人民共同富裕，坚决防止两极分化"②，让"人民群众获得感、幸福感、安全感更加充实、更有保障、更可持续，共同富裕取得新成效"③。

（二）健康中国战略建设进入关键期

医疗卫生事业是重大民生问题，健康是经济社会发展的基础条件，是促进人的全面发展的前提，为所有人提供高质量、安全、全面、综合、便利、可获得的和负担得起的卫生服务是政府职责。

党的十八大以来，以习近平同志为核心的党中央高度重视人民健康，始终把广大人民群众健康安全摆在首要位置。卫生部在2008年启动"健康中国"战略研究。2012年，党的十八大报告指出"健康是促进人的全面发展的必然要求"，要"为群众提供安全有效方便价廉的公共卫生和基本医疗服务"。2015年10月，党的十八届五中全会提出"推进健康中国建设"。2016年8月19日，我国召开了进入21世纪以来的第一次全国卫生与健康大会，习近平总书记提出"大健康、大卫生"理念，"将健康融入所有政策，人民共建共享"，强调"没有全民健康，就没有全面小康，要把人民健康放在优先发展的战略地位"。2016年10月，中共中央、国务院印发了《"健康中国2030"规划纲要》，提出了健康中国建设的总体战略、指导思想、目标和任务等。2017年10月，党的十九大报告提出"实施健

① 习近平. 决胜全面建成小康社会 夺取新时代中国特色社会主义伟大胜利：在中国共产党第十九次全国代表大会上的报告［EB/OL］.（2017-10-27）［2022-12-27］. https://www.gov.cn/zhuanti/2017-10/27/content_5234876.htm.

② 习近平. 高举中国特色社会主义伟大旗帜 为全面建设社会主义现代化国家而团结奋斗：在中国共产党第二十次全国代表大会上的报告［EB/OL］.（2022-10-25）［2022-10-27］. http://www.gov.cn/xinwen/2022-10/25/content_5721685.htm.

③ 习近平. 高举中国特色社会主义伟大旗帜 为全面建设社会主义现代化国家而团结奋斗：在中国共产党第二十次全国代表大会上的报告［EB/OL］.（2022-10-25）［2022-10-27］. http://www.gov.cn/xinwen/2022-10/25/content_5721685.htm.

康中国战略。人民健康是民族昌盛和国家富强的重要标志。要完善国民健康政策，为人民群众提供全方位全周期健康服务"。要把人民健康放到优先发展战略地位，树立健康权理念，把健康融入经济与社会的方方面面。2019 年 6 月，国务院印发《关于实施健康中国行动的意见》，部署了推进健康中国建设的 15 个专项行动。2019 年 7 月 9 日，健康中国行动推进委员会印发《健康中国行动（2019—2030 年）》。习近平主席在第 73 届世界卫生大会上提出加强疫情防控建议，呼吁构建人类卫生健康共同体。2021 年发布的《中华人民共和国国民经济和社会发展第十四个五年规划和 2035 年远景目标纲要》中提出到 2035 年实现健康中国的战略目标。2022 年 10 月，党的二十大报告强调，要"推进健康中国建设"，"把保障人民健康放在优先发展的战略位置，完善人民健康促进政策"。从启动"健康中国"战略研究，到提出"健康中国"，再到"健康中国"战略，体现了"健康中国"行动在不断升级。

自"健康中国"战略实施以来，政府不断加强新时代公共卫生服务供给，扩大公共卫生普惠范围，增加公共卫生机构数量，优化分布结构。政府建立健全了重大突发公共卫生事件应急机制，以及传染病疫情和突发公共卫生事件的监测预防、风险评估、应急响应、救治体系；加快建立和完善公共卫生人才队伍建设；推进公立医院综合改革，全面取消医用耗材加成，优化医疗卫生资源配置；组建国家卫生健康委员会和国家医疗保障局，整合城乡居民基本医疗保险制度，将生育保险基金并入职工基本医疗保险基金，实施了基本医疗保险个人账户改革和门诊共济改革，实施城乡居民医疗救助制度；建立健全医疗保障待遇清单制度，统一了医疗保障待遇范畴，划定了医保支付边界。"试点按疾病诊断相关分组（DRG）付费的 30 个城市通过了评估考核，进入模拟运行阶段，71 个城市启动区域点数法总额预算和 DIP 付费国家试点工作。"[①] 依据《DRG/DIP 支付方式改革三年行动计划》，2025 年年底 DRG/DIP 支付方式覆盖所有符合条件的开展住院服务的医疗机构。在遵循经济规律的前提下，政府对药品价格进行干预和修正，形成药品集采常态化机制，减轻了许多慢性病和重大疾病患者的用药负担。

随着"健康中国"战略持续推进、医疗卫生体制改革的深化和财政投

---

① 彭韵佳，沐铁城. 国家医保局：2025 年年底 DRG/DIP 支付方式基本实现全覆盖 [EB/OL]. (2021-11-29) [2022-12-05]. https://www.gov.cn/xinwen/2021-11/29/content_5654781.htm.

入持续增加，卫生健康资源供给能力显著提高，"看病难、看病贵"的状况得到显著改善。据统计，2012—2021 年，全国医疗卫生机构数、每万人口执业（助理）医师数、每万人口注册护士数，分别增加了 8.48%、57.9%、100%，分别达到了 1 030 935 个、30 人/万人和 36 人/万人。2012—2021 年，总诊疗人次从 68.66 亿人次增加到 84.72 人次，基层医疗卫生机构诊疗人次从 41.09 亿人次增加到 43.67 亿人次，医院诊疗人次从 25.42 亿人次增加到 29.72 亿人次①。截至 2021 年年底，我国有三级医院 3 275 个，较 2012 年增长了约 1.02 倍；基层卫生机构 977 790 个，较 2012 年增长了 7.14%；二级及以上公立医院中，有 54.5% 的医院开展了预约诊疗，91.3% 的医院开展临床路径管理，64.6% 的医院开展远程医疗服务，87.6% 的医院参与同级检查结果互认，92.0% 的医院开展优质护理服务②。一批国家医学中心和国家区域医疗中心的设立，着力缓解了重大疾病优质医疗资源分布不均、患者异地就医、跨区域流动难题；分级诊疗和"互联网+医疗"的有序推进，强化早诊断、早治疗、早康复，提高了健康服务的可及性③。强化对妇女、儿童、老人、残疾人等重点人群的健康服务，如为老年人提供"一站式"综合性和持续性健康服务，实施妇幼健康促进行动，实施健康儿童行动提升计划，健全职业病防治管理体系、降低职业病危、提升职业病诊治康复能力。截至 2020 年年底，儿童营养改善项目已实现贫困地区全覆盖，0~6 岁儿童眼保健和视力检查覆盖率达到 91.8%，农村 6 岁以下儿童生长迟缓率降低至 5.8%④。截至 2021 年年底，全国共有职业卫生技术服务机构 1 022 家，职业病诊断机构 588 家，共报告各类职业病新病例 15 407 例⑤。

---

① 根据《2012 中国统计年鉴》和《2022 中国统计年鉴》计算而得。

② 国家卫生健康委.2021 年我国卫生健康事业发展统计公报［EB/OL］.（2022－07－12）［2022－12－09］. http://www.nhc.gov.cn/guihuaxxs/s3586s/202207/51b55216c2154332a660157abf28b09d.shtml.

③ 庄琦. 始终把人民健康放在优先发展的战略地位：党的十八大以来健康中国行动的成就与经验［J］. 管理世界，2022，38（7）：24-37.

④ 宋莉.《国务院未成年人保护工作领导小组关于加强未成年人保护工作的意见》发布会［EB/OL］.（2021－06－08）［2022－12－09］. http://www.scio.gov.cn/xwfbh/xwbfbh/wqfbh/44687/45866/wz45868/Document/1705938/1705938.htm.

⑤ 国家卫生健康委.2021 年我国卫生健康事业发展统计公报［EB/OL］.（2022－07－12）［2022－12－09］. http://www.nhc.gov.cn/guihuaxxs/s3586s/202207/51b55216c2154332a660157abf28b09d.shtml.

自 2015 年首次提出"健康中国"战略以来，我国卫生健康事业步入高质量发展阶段，建成了世界上规模最大的社会保障体系，逐步实现了从以疾病控制为中心向以维护全民健康为中心的转变，提升了人民健康水平。2015—2021 年，我国人均预期寿命从 76.34 岁提高到 78.2 岁，孕产妇死亡率从 0.22‰下降到 0.16‰，婴儿死亡率从 8.1‰降至 5.0‰，5 岁以下儿童死亡率从 10.7‰降至 7.1‰。居民就医负担显著减轻，职工医保和居民医保政策范围内住院费用统筹基金支付比例已经分别达到 80% 和 70%[①]。人民身体素质明显提高，2012—2015 年，我国居民健康素养水平从 8.80% 提高到 10.25%，2021 年居民健康素养水平达到 25.4%，其中城市居民健康素养水平为 30.70%，农村居民为 22.02%；东、中、西部地区居民健康素养水平分别为 30.40%、23.83% 和 19.42%[②]。2022 年国家卫生健康委员会首次开展的重点人群职业健康素养监测结果显示，重点人群职业健康素养水平分别为 52.6%，第二产业和第三产业重点人群职业健康素养水平为 56.5% 和 48.9%，医疗卫生业劳动者职业健康素养水平为 65.8%，快递与外卖配送业等 4 个行业劳动者职业健康素养水平为 36.1%~51.7%[③]。

虽然我国卫生健康事业取得显著成绩，医疗卫生服务水平和人民健康水平不断提高，居民主要健康指标总体优于中高收入国家平均水平，但是也应注意到，随着工业化、城镇化的发展，人口老龄化及生态环境、生活方式的变化，慢性疾病、非传染性疾病已成为影响居民健康的主要因素，心脑血管疾病、癌症、慢性呼吸系统疾病、糖尿病等慢性病导致的负担占总疾病负担的 70% 以上，成为制约健康预期水平提高的重要因素。同时，病毒性肝炎、结核病、艾滋病等重大传染病防控形势仍然严峻，精神卫生、职业健康、地方病等问题不容忽视。医疗优势资源配置不均衡，城乡医疗资源和健康水平差距较大，医疗供给尚不能满足人民的需求，"看病难、看病贵"的问题依然没有得到彻底解决。

---

① 国家卫生健康委.对十三届全国人大五次会议第 1474 号建议的答复 [EB/OL]. (2023-03-23) [2023-05-09]. http://www.nhc.gov.cn/wjw/jiany/202303/1cbe0392b84f4ec886b50c5a208bd538.shtml.

② 李恒.稳步提升！2021 年我国居民健康素养水平达到 25.40% [EB/OL]. (2022-06-08) [2023-05-09]. http://www.news.cn/politics/2022-06/08/c_1128722809.htm.

③ 国家卫生健康委职业健康司.2022 年全国重点人群职业健康素养水平为 52.6% [EB/OL]. (2023-06-20) [2023-06-30]. http://www.nhc.gov.cn/zyjks/s3586s/202306/0d1fa72aad124b0a9c88574359208556.shtml.

人民健康是民族昌盛和国家富强的重要标志，是全面建设社会主义现代化强国以及满足人民美好生活需要的重要前提条件。中国特色社会主义进入新时代，实现健康中国战略目标，确保人民健康，"要坚持基本医疗卫生事业的公益性，坚持政府主导，强化政府对卫生健康的领导责任、投入保障责任、管理责任、监督责任"①。在有限的财政资金约束下，政府的医疗卫生支出绩效对健康中国建设极其重要，提高医疗卫生支出效率不仅是现代财政管理的重要内容，也是建立现代财政制度，实施健康中国战略财政投入保障机制的必然要求（李玲 等，2018）②。

二、研究意义

（一）提高财政资金使用效率

自 20 世纪 70 年代"新公共管理"运动以来，各国民众不断要求政府提高公共资金的使用效率。2001 年，我国在广东、湖北、湖南、福建等地率先开展了财政支出绩效评价试点，2004 年主要对个别领域财政支出项目开展财政绩效评价，此后，国家出台了一系列的文件，推进和规范财政支出绩效。

2006 年发布的《财政部关于完善和推进地方部门预算改革的意见》（财预〔2006〕406 号）中提出，"积极推进绩效评价工作，并将绩效考评结果作为编制以后年度预算的重要参考依据"。2011 年发布的《财政部关于印发〈财政支出绩效评价管理暂行办法〉的通知》（财预〔2011〕285号），从绩效评价的对象、内容和目标，绩效评价指标、标准和方法，评价结果及其应用等方面，完善绩效评价的全流程操作框架。2011 年发布的《财政部关于推进预算绩效管理的指导意见》（财预〔2011〕416 号）中，提出"逐步建立具有中国特色的预算绩效管理体系"。2014 年修订的《预算法》明确提出"绩效管理贯穿于预算编制、预算执行，决算以及预算审查的各个环节"。2014 年发布的《国务院关于深化预算管理制度改革的决定》（国发〔2014〕45 号）中，规定"绩效管理范围覆盖各级预算单位和所有财政资金"。2014 年发布的《财政部关于印发〈地方财政管理绩效综

---

① 习近平. 习近平在教育文化卫生体育领域专家代表座谈会的讲话 [EB/OL]. (2020-09-22) [2023-05-09]. http://www.news.cn/politics/2022-06/08/c_1128722809.htm.

② 李玲，傅虹桥，胡钰曦. 从国家治理视角看实施健康中国战略 [J]. 中国卫生经济，2018，37（1）：5-8.

合评价方案〉的通知》（财预〔2014〕45 号）规范了地方财政管理绩效评价制度。2015 年《财政部关于印发〈预算绩效管理工作考核办法〉的通知》（财预〔2015〕25 号）明确中央部门、省级财政部门的预算绩效管理工作的考核，由财政部组织实施。2016 年《财政部办公厅关于开展中央部门项目支出绩效自评工作的通知》（财办预〔2016〕123 号）提出中央部门实现绩效自评全覆盖。2018 年《财政部关于印发〈财政管理工作绩效考核与激励办法〉的通知》（财预〔2018〕4 号）对全国 36 个省（含直辖市、自治区、计划单列市）制定了绩效考核办法。2018 年《财政部关于贯彻落实〈中共中央 国务院关于全面实施预算绩效管理的意见〉的通知》（财预〔2018〕167 号）明确到 2020 年年底中央部门和省级层面，2022 年年底市县层面基本建成全方位、全过程、全覆盖的预算绩效管理体系。2020 年《财政部关于印发〈项目支出绩效评价管理办法〉的通知》（财预〔2020〕10 号）在财预〔2011〕285 号文的基础上修订形成，明确绩效评价的原则、依据、评价对象、评价内容、评价指标、评价方法等。除一般规定外，国务院、财政部还针对部分重点行业和专项资金支出做了绩效评价的针对性规定，主要包括农村基础设施项目财政支出、扶贫项目资金、城市管网专项资金、水污染防治专项资金等领域。可见，虽然我国开展财政绩效评价时间较晚，但是一直在积极探索完善财政支出绩效评价的相关制度和机制，基本形成了具有可操作性的全流程绩效评价制度框架。

财政卫生支出是财政支出一个重要的组成部分，是建立国民健康保障体系的第一道防线，所有财政性卫生资金的预算编制、执行、监督都要讲求绩效，遵守财政绩效管理要求。近年来，财政卫生资金管理部门也陆续出台一些文件来规范资金的运行。2015 年国家卫计委办公厅、财政部办公厅、国家中医药管理局办公室联合发布《关于印发国家基本公共卫生服务项目绩效考核指导方案的通知》（国卫办基层发〔2015〕35 号）。2018 年国家卫生健康委员会、国家中医药管理局联合制定了《医疗联合体综合绩效考核工作方案（试行）》。2019 年国家卫生健康委员会发布《关于加强二级公立医院绩效考核工作的通知》（国卫办医发〔2019〕23 号）和《关于按照属地化原则开展三级公立医院绩效考核与数据质量控制工作的通知》（国卫办医函〔2019〕668 号）。2020 年卫生健康委员会办公厅、国家中医药管理局办公室发布《关于加强基层医疗卫生机构绩效考核的指导意见（试行）》（国卫办基层发〔2020〕9 号）。2021 年，国家卫生健康委员会修订完善了《国家卫生健康委部门预算绩效管理暂行办法》，制定了《妇幼保健机构绩效考核办法》，国家卫生健康委员会、财政部、国家中医药管理局联合制定了《卫生健康领域全面实施预算绩效管理实施方案》《中央对地方卫生健康转移支付项目预算绩效管理暂行办法》。

为国民提供可及的、优质的医疗卫生保健服务是政府的重要职责之一。目前，我国面临着社会医疗保障体系不完善、义务教育支出压力大、环境恶化日益严峻和国内发展不均衡等亟待解决的问题，财政资金承担的建设与发展职能比西方国家财政要多，提高财政资金使用效率的要求比西方国家更紧迫。公共卫生保健具有公共物品或准公共品的性质，加大了提升财政卫生支出绩效的难度。因此，国家通过合理的绩效评价指标对财政卫生支出绩效进行评价，分析财政卫生支出的有效性，提高财政资金的使用效率，可以为政策制定者拟定有效的公共政策提供帮助，为中央政府评价各地政府卫生部门绩效、未来财政部门确定卫生支出补助规模和转移支付规模提供依据。

（二）推进健康中国建设进程

依据《"健康中国2030"规划纲要》，到2030年，一些主要指标要达到一定水平，如居民人均预期寿命达到79岁，婴儿死亡率下降到5.0‰，5岁以下儿童死亡率下降到6.0‰，孕产妇死亡率（1/10万）达到12.0/10万，城乡居民达到《国民体质测定标准》合格以上的人数比例为92.2%，居民健康素养水平达30%，经常参加体育锻炼人数达5.3亿人，重大慢性病过早死亡率比2015年降低30%，每千常住人口执业（助理）医师数达3人，个人卫生支出占卫生总费用的比重达25%，健康服务业总规模达16万亿元等。这些目标的实现需要一个长期的过程，2016—2020年的阶段性目标大部分已经实现。2022年国务院发布的《"十四五"国民健康规划》对"十四五"期间健康指标制定了基本目标，如人均预期寿命在2020年的基础上继续提高1岁左右，婴儿死亡率低于5.0‰，5岁以下儿童死亡率低于6.6‰，孕产妇死亡率≤14.5/10万，居民健康素养水平达到25%，经常参加体育锻炼人数占总人数比重达到38.5%等。政府需要"健全政府健康领域相关投入机制，调整优化财政支出结构，加大健康领域投入力度，科学合理界定中央政府和地方政府支出责任，履行政府保障基本健康服务需求的责任。中央财政在安排相关转移支付时对经济欠发达地区予以倾斜，提高资金使用效益。建立结果导向的健康投入机制，开展健康投入绩效监测和评价。"①

建设健康中国不只是要实现这些健康指标，而是要让所有人共享健康成果并能健康生活。习近平总书记明确指出，建设健康中国，要坚持公平公正原则，"要完善国民健康政策，为人民群众提供全方位全周期健康服务"。然而，城乡居民健康差异和城乡医疗卫生资源配置不均衡等问题仍没有彻底解决，低收入群体、弱势群体稳定获取健康资源的能力还有待提升，居民个人医疗负担较重。据统计，2021 年，东部、中部和西部三级公立医院分别为 1 190 个、736 个和 863 个，每千人口卫生技术人员数分别为 8.06 人、7.64 人和 8.16 人，每千人口卫生机构床位数分别为 5.93 张、7.32 张和 7.24 张；城市和农村每千人口卫生人员数分别为 9.87 人和 6.27 人，每千人口执业（助理）医师分别为 3.73 人和 2.42 人，每千人口注册护士分别为 4.58 人和 2.64 人；城市和农村每千人口医疗卫生机构床位数分别为 7.47 张和 6.01 张；5 岁以下儿童死亡率分别是 4.1‰ 和 8.5‰，孕产妇死亡率分别是 15.4/10 万和 16.5/10 万②。2021 年全国 14.1 亿人口中，约有 4.98 亿是农村常住人口，在农村地区，心脏病、高血压、癌症、中风、糖尿病以及慢性肺病患病人数逐年增加，虽然国家建立了新型农村合作医疗制度（现合并到居民医疗），"看病难、看病贵"现象有所减少，但是由于医疗服务设施不完备、医疗技术服务水平相对较低，医保缴费标准和医疗费用逐年上涨，现有的医疗健康服务难以满足农村居民医疗健康服务需求。健康中国的主要目标就是要人人享有健康，没有全民健康，就没有全面小康，中国卫生保健的难点和重点在农村。

党的十八届三中全会提出"财政是国家治理的基础和重要支柱"，财政并不是某一个利益团体或阶层的财政，所有国民都有享受财政提供的均等公共服务的权利，基本医疗卫生服务是每个国民应该享有的权利之一。健康中国建设规划中所提到的许多方面，如提供优质高效的医疗服务、加强重点人群健康服务、健全医疗保障体系、完善公共安全体系和优化多元办医格局等，都离不开财政资金的支持。财政医疗卫生资金如何在城乡和地区之间进行配置，医疗卫生资金如何使用才能更好地为国民提供可及、

---

① 国务院办公厅. 国务院办公厅关于印发"十四五"国民健康规划的通知［EB/OL］.（2022-06-08）［2023-05-09］. https://www.gov.cn/zhengce/content/2022-05/20/content_5691424.htm.

② 国家卫生健康委员会. 2022 年中国卫生健康统计年鉴［M］. 北京：中国协和医科大学出版社，2022.

高效的医疗服务，缩小城乡基本医疗服务差距，提高国民整体健康水平，满足人民群众基本医疗卫生服务需求，现有医疗卫生资金的配置是否存在不足，存在哪些不足，是否有地方投入冗余或不足，医疗卫生服务获得便利性等问题，都是财政医疗卫生支出绩效关注的要点。对这些问题展开讨论，对财政医疗卫生支出全面实施预算绩效管理是优化财政医疗卫生资源配置、提升医疗公共服务质量的关键举措，也是深化财税体制改革、建立现代财政制度的重要内容，必然有利于推进健康中国建设进程。

（三）推动中国式现代化建设

党的二十大报告提出，中国共产党的中心任务就是团结带领全国各族人民全面建成社会主义现代化强国、实现第二个百年奋斗目标，以中国式现代化全面推进中华民族伟大复兴。中国式现代化是中国共产党领导的基于自己国情的社会主义现代化。中国式现代化是人口规模巨大的现代化，是全体人民共同富裕的现代化，是物质文明和精神文明相协调的现代化，是人与自然和谐共生的现代化，是走和平发展道路的现代化。实现全体人民共同富裕，物质文明和精神文明相协调，人与自然和谐共生，都离不开人的全面发展，人是推动实现中国式现代化的主体。

健康是人的全面发展的基础。经济增长是科技、劳动、资本等因素综合作用的结果，科技力量虽然十分强大，但是科技也是人们智力成果的结晶；健康对劳动者来说至关重要，没有健康的身体和心理，劳动创造、生产生活等都会受到影响，健康的劳动者往往比不健康的劳动者的生产效率更高，不健康的劳动者往往受制于诸多限制而无法发挥其最佳状态。没有健康的人力资本，生产、消费等活动就无法顺利进行，健康是人从事活动和经济社会实现发展的基础条件，也是广大人民群众的共同追求。人民健康至上，是中国式现代化道路的重要特征，是社会主义现代化强国的重要标志。

健康是多因素的综合产物，收入、环境、生活方式等都可能影响健康。一般认为，高收入居民比低收入居民更有能力改善自身健康状况，高教育水平居民比低教育水平居民有能力和意愿提升健康水平，互联网的普及有利于缩小不同阶层之间的健康差距，较好的社区交往环境对居民身体健康有正向影响。政府提供医疗卫生产品和服务，能够消除或降低如新冠病毒感染疫情防控、其他传染病防控、妇幼保健的外部性，使居民免受疾病的侵袭、提高健康资本存量和流量，降低贫困发生率。党和政府始终把人民利益放在第一位，时刻牢记初心使命，通过建立覆盖城乡的医疗卫生三级网络，不断深化医药卫生体制改革，实施健康中国战略，投入大量资金，建成了世界上规模最大的社会保障体系，有力地保护了人民的健康。我国幅员辽阔，地区之间的经济发展水平、自然资源、风俗习惯等差别很大，但人民对于优质的教育资源、高效低成本的医疗卫生条件、良好的养老保障等的需求是无差异的，这些需求是决定一个人未来收入能力的重要因素。医疗公共服务非均等化，不利于各地经济健康稳定可持续发展。决定医疗公共服务供给数量的是供给的能力和供给意愿，没有供给能力，供给也就无法实现，供给能力由政府掌握的财力决定。但即便有了供给能力，供给的医疗资源是否能够高效地为人民健康提供医疗服务还有待商榷，因为医疗服务市场的复杂性远甚于其他公共服务市场。

健康对个人和国家十分重要，因此在财政医疗卫生支出的整个过程中，评价支出绩效，分析影响支出绩效的因素，并不断完善财政医疗卫生支出的激励与约束机制，提升财政医疗卫生支出效率才显得尤为重要。

第二节　主要概念及相关研究文献

一、主要概念

（一）绩效和绩效评价

绩效（performance）在英文中意为"履行""执行""表现""行为""完成"，在管理学中被引申为"成绩""成果""效益"，最早用于投资项目管理、人力资源管理等方面。根据《辞海》中的解释，绩，指功业、成果；效，指产生或所取得的结果、作用。很多人以为绩效是舶来品，实际上我国古代选官、用官制度中对官员政绩的考核早已使用绩效。如《周礼》中记载的"六计"① 和"大比"②。管子则把"君之所审者三：一曰德不让其位；二曰功不当其禄；三曰能不当其官"③ 作为考核下属的主要标

---

① 《周礼·天官冢宰》：一曰廉善，二曰廉能，三曰廉敬，四曰廉正，五曰廉法，六曰廉办，都是为考核中央官府所辖群吏而设的指标。

② 《周礼·地官司徒》：平教治，正政事，考夫屋，及其众寡六畜兵器，以待政令，都是为考核六乡四郊之吏而设的指标。

③ 出自《管子·立政》。

准。唐代也有详细的"四善二十七最九等考第"和简略的"四等考第"①标准。

美国国家绩效衡量小组把绩效定义为"利用绩效信息协助设定已达成一致的绩效目标，进行资源配置与优先顺序的安排，以告知管理者维持或改变既定目标计划，并且报告成功符合目标的管理过程"②。普雷姆詹德则认为"绩效包含了效率、产品与服务质量及数量、机构所作的贡献与质量，包含了节约、效益和效率"③。亚洲开发银行认为"绩效是一个相对的概念，它可以用努力和结果这样的字眼进行定义。绩效不仅包含外部效果，也包含内在的努力程度，它往往可以通过投入、过程、产出和结果来描述"④。经济合作与发展组织（organization for economic co-operation and development，OECD）把绩效界定为"实施一项活动所获得的相对于目标的有效性，它不仅包括从事该项活动的效率、经济性和效力，还包括活动实施主体对预定活动过程的遵从度以及该项活动的公众满意程度"⑤。

中国行政管理学会联合课题组将绩效定义为"运用科学的方法、标准和程序，对政府机关的业绩、成就和实际工作做出尽可能准确的评价，在此基础上对政府绩效进行改善和提高"⑥。陆庆平（2003）认为"绩效实际上是一项活动实施的结果，这种结果既包括实施这项活动所投入资源与获得效果的对比关系，也包括投入资源的合理性和结果的有效性"⑦，持相似观点的还有黄萍和黄万华⑧，朱志刚（2003）认为"绩效绝不仅仅是对结果的衡量，还包括对过程的衡量，甚至包括对提供方主观努力程度和接受方满足程度的衡量"⑨。

基于以上分析可以得出，绩效是一个综合性概念，不仅涉及过程和结果的衡量，还涉及对提供方主观努力程度和接受方满足程度的衡量。就是

① "四善"是对流内官（一品到九品）的通用标准，"二十七最"是对27种不同官职所提出的最高业务标准。详见《唐六典·选举·考绩》。

② 刘旭涛. 政府绩效管理：制度、战略与方法 [M]. 北京：机械工业出版社，2003：98.

③ 普雷姆詹德. 公共支出管理 [M]. 王卫星，译. 北京：经济科学出版社，2002.

④ 亚洲开发银行. 公共支出管理 [M]. 北京：经济科学出版社，2001：378-379

⑤ JACK DIAMOND. Performance measurement and evaluation [J]. OECD Working Papers, 1994：22-23.

⑥ 林鸿潮. 美国《政府绩效与结果法》述评 [J]. 行政法学研究，2005 (2)：100-106.

⑦ 陆庆平. 公共财政支出的绩效管理 [J]. 财政研究，2003 (4)：56-65.

⑧ 黄萍，黄万华. 公共行政支出绩效管理 [J]. 红旗文摘，2003 (22)：10-12.

⑨ 朱志刚. 公共支出绩效评价研究 [M]. 北京：中国财政经济出版社，2003：46-47.

说"绩效"是成绩和效益，是一个内在融合了对个人或组织活动后果的主观评价和客观影响的质的规定性和量的测定性的综合概念①。本书认为，在实践当中，应采用比较宽泛的绩效概念，绩效可以理解为"系统表征管理领域中的成就和效果"的一种概念工具②。

绩效评价又称绩效考评、绩效评估，其应用于工商界最早可以追溯到泰勒的科学管理。管理学、组织行为学、人力资源管理等不同学科，分别从不同的目的和角度对绩效评价进行解释和界定。史密斯·穆飞认为，"绩效评估是组织对雇员价值秩序的决定"。美国学者朗格斯纳认为，"绩效评估是基于事实，有组织地、客观地评估组织内每个人的特征、资格、习惯和态度的相对价值，确定其能力、业务状态和工作适应性的过程"。R. 韦恩·蒙迪和罗伯特·M. 诺埃认为，"绩效评估是定期考察和评价个人和小组工作的一种证实制度"。我国学者吴国村认为"绩效评估是对雇员与职务有关的业绩、能力、业务态度、性格、业务适应性等诸方面进行评定与记录的过程"。

这些定义很显然讲的是对组织中个人的评估，而事实上除了个人以外，可以将整个社会看作是不同组织的集合，从宏观层面来讲，国家是最大的组织，各个政府部门，职能机构和企业、社团等都是组织内部的小组织，个人从属于不同的组织机构，或受雇于政府，或就职于企业和其他一些机构组织，从而形成不同层次、不同角度的绩效评估，如根据评估时间，可以分为长期评估、短期评估和中期评估；根据评估指标可以分为定性评估和定量评估；根据评估对象性质，可以分为企业绩效评估和政府绩效评估等。

（二）财政支出绩效和财政医疗卫生支出绩效

政府绩效评估是西方社会发展、新公共管理运动以及公共管理理论共同推动的结果。公共部门绩效评估始于1906年③，20世纪70年代初期开始大规模应用，到20世纪90年代后，绩效评估逐步走向了法制化，如美国1993年通过的《政府绩效与结果法》，英国1997年颁布的《地方政府法》，日本2002年出台了《政府政策评价法》等，评估主体多样化。绩效

---

① 马敬仁，杨卓如. 现代政府绩效评价：中国问题与策略 [J]. 公共行政，2005 (8)：15.

② 刘旭涛. 政府绩效管理：制度、战略与方法 [M]. 北京：机械工业出版社，2003：48.

③ 朱立言，张强. 美国政府绩效评估的历史演变 [J]. 湘潭大学学报（哲学社会科学版），2005 (1)：1-7.

评估在西方成为一种潮流，美国、英国、荷兰、澳大利亚、法国等都将绩效评估作为提高政府效率和服务质量的重要手段，一些新兴工业化国家及发展中国家（如菲律宾、印度等）也加入了这个评价浪潮，以至于一些学者惊呼"评价国家"正在出现。

随着绩效评估的理念、方法和技术的扩展，国内学者开始关注政府绩效。马宝成（2001）认为，绩效评估就是对政府的实际政治行为进行全面的衡量和评估，这种政治评估应该将主要注意力集中于政治行为所产生的各种各样的政治产品①。彭国甫（2004）认为，政府绩效评估是运用科学的标准、方法和程序，对政府绩效进行评定和划分等级②。不过，由于政府的目标具有多样性，不像私人那样以盈利性作为统一评价标准，对政府进行绩效评价更为困难。从一个国家的机构组成来看，政府绩效评估可以分成财政部、外交部、国防部等各个组成部门的绩效评估。

财政支出的绩效评价可以看作是政府部门绩效的一个重要的有机组成部分，现代政府很多的经济活动都有财政部门的参与。作为重要的政策工具变量，财政政策在宏观经济调控中具有十分重要的作用。财政支出本身是一个既宽泛又具体的概念，按照支出用途分类，可以分为国防支出、教育支出、卫生支出、债务支出等；按照社会经济职能分类，可以分为国家安全支出、一般行政管理支出、经济管理支出、社会保障支出；按照支出的经济性质分类，可以分为公共消费性支出、公共投资性支出等。财政支出绩效也应该是一种更加系统和综合的概念。

本书认为，财政支出绩效是指财政支出活动所取得的实际效果。它反映了政府为满足社会公共需要而进行的资源配置活动与所取得的社会实际效果之间的比较关系，是财政支出过程和结果的统一。而财政医疗卫生支出是财政支出的一个组成部分，财政支出和财政医疗卫生支出本质上是特殊和一般、部分和整体的关系。

综上所述，财政医疗卫生支出绩效评价可以定义为：依据一定标准，运用规范科学的评价方法，对财政医疗卫生支出整个流程及其产生的效果进行衡量和评价，进而找出改进效果方法的系统过程。财政医疗卫生支出绩

---

① 马宝成. 试论政府绩效评估的价值取向 [J]. 中国行政管理，2001（5）：18-20.
② 彭国甫. 对政府绩效评估几个问题的反思 [J]. 湘潭大学学报（哲学社会科学版），2004（5）：6-11.

效评价并不是单一效果目标的评价，而是对财政医疗卫生支出效益、管理水平、投入风险等方面的综合评价，是发挥财政宏观调控功能、提高财政资金安排科学性、促进财政支持中国式现代化和健康中国目标实现的重要保证。

二、相关研究文献

（一）财政医疗卫生支出绩效测度研究

1. 绩效测度方法和实践研究

测算财政医疗卫生支出效率的方法主要有参数法和非参数法，非参数法主要包括数据包络分析（data envelopment analysis，DEA）法和随机前沿模型分析法。

国外文献大多是关于国家医疗卫生支出绩效测度和不同国家间医疗卫生支出绩效比较的研究。Rouselle F L 和 Cabanda E C（2009）[①] 用 DEA 法评价和分析了菲律宾各省市的医疗卫生财政支出的效率，结果显示菲律宾多个省市的医疗卫生财政支出效率都没有达到有效状态，效率整体较低。Mirzosaid S（2011）[②] 用 DEA 法研究发现独联体国家之间医疗卫生支出效率存在显著差异。Hogstedt C（2012）[③] 用 DEA 法对美国两种不同类别医院的支出效率进行比较分析，研究结果表明非营利性医院的支出效率显著高于营利性医院。Hsu Y C（2013）[④] 运用 DEA-Malmquist 生产率指数模型研究了欧洲和中亚 46 个国家卫生支出的效率及效率变动模式。Lionel D T（2015）[⑤] 用 DEA 法测算国别之间医疗卫生支出的效率。Ozcan Y A 和 Khushalani J（2017）[⑥] 用动态网络数据包络分析（DNDEA）模型来分析

① ROUSELLE F L, CABANDA E C. The efficiency of health and education expenditures in the Philippines [J]. Central European Journal of Operations Research, 2009, 17 (3): 5-7.

② MIRZOSAID S. Health expenditure efficiency in the commonwealth of independent states: a data envelopment analysis approach [J]. Transition Studies Review, 2011, 18 (2): 384-404.

③ HOGSTEDT C. Swedish public health policy and the National institute of public health [J]. Scand J Public Health, 2012 (3): 13-16.

④ HSU Y C. The efficiency of government spending on health: evidence from Europe and central Asia [J]. Social Science Journal, 2013, 50 (4): 665-673.

⑤ LIONEL D T. Determinants of health spending efficiency: a tobit panel data approach based on DEA efficiency scores [J]. Annals of Danubius University: Economics, 2015, 11 (4): 56-71.

⑥ OZCAN Y A, KHUSHALANI J. Assessing efficiency of public health and medical care provision in OECD countries after a decade of reform [J]. Central European Journal of Operations Research, 2017: 1-19.

2000—2012年34个OECD国家的公共卫生系统和医疗体系的效率，研究结果表明改善公共卫生系统的国家整体效率更高。Grigoli F和Kapsoli J（2018）[1] 运用随机前沿模型研究了新兴国家和发展中国家公共卫生支出的效率，发现与发达经济体相比，发展中国家医疗卫生支出效率明显偏低。Sajadi等（2020）[2] 用扩展数据包络分析法（EDEA）和Malmquist生产率指数测度了伊朗和其他36个中等偏上收入国家2010—2015年财政卫生支出绩效，其中投入变量选择了人均一般政府卫生支出，产出变量为白喉、破伤风和百日咳的服务范围，计划生育，抗逆转录病毒疗法，接生时的熟练助产士，结核病治疗成功率，人均一般政府卫生出占总卫生支出的百分比。结果表明，在2010—2015年，伊朗卫生系统的技术效率评分呈现出下降的趋势，而全要素生产率在2011年、2013年和2014年有所提高，2014年总体效率和全要素生产率有所提高。

国内文献主要利用DEA模型或在其基础上结合其他模型对财政医疗卫生支出进行测度，测度范围涵盖了全国、省级不同区域，还有省内各地市。王俊（2007）[3] 用DEA法测算了1997—2003年中国各省级政府卫生支出效率。韩华为、苗艳青（2010）[4] 研究了1997—2007年中国各省份政府卫生支出效率。陶春海（2010）[5] 运用DEA法和SFA法分别测算我国各省医疗服务生产效率，发现虽然中部地区医疗卫生服务资源投入不足，但其综合效率平均水平高于东西部地区。肖海翔等（2011）[6] 测算和分析了湖南省2003—2008年各市（州）政府卫生支出效率。张仲芳（2013）[7] 用

① GRIGOLI F, KAPSOLI J. Waste not, want not：the efficiency of health expenditure in emerging and developing economies [J]. Review of Development Economics, 2018, 22 (1)：384-403.

② SAJADI, HANIYE, SADAT, et al. Assessing the efficiency of Iran health system in making progress towards universal health coverage：a comparative panel data analysis [J] Cost Effectiveness and Resource Allocation, 2020, 18 (1)：20.

③ 王俊. 政府卫生支出有效机制的研究：系统模型与经验分析 [M]. 北京：中国财政经济出版社, 2007.

④ 韩华为, 苗艳青. 地方政府卫生支出效率核算及影响因素实证研究：以中国31个省份面板数据为依据的DEA-Tobit分析 [J]. 财经研究, 2010, 36 (5)：4-15, 39.

⑤ 陶春海. 中国医疗服务生产效率评价研究 [D]. 南昌：江西财经大学, 2010.

⑥ 肖海翔, 周帆, 邵彩霞. 地方政府卫生支出效率核算及影响因素分析 [J]. 统计与决策, 2011 (23)：80-83.

⑦ 张仲芳. 财政分权、卫生改革与地方政府卫生支出效率：基于省际面板数据的测算与实证 [J]. 财贸经济, 2013 (9)：28-42.

DEA 法测算了 1998—2011 年省级财政卫生支出效率，结果发现各省财政卫生支出效率地区差异显著。张硕（2014）[1] 研究发现河北省政府卫生支出效率整体呈上升趋势但存在波动。王丽和王晓洁（2015）[2] 运用三阶段 DEA 法以及 Malmquist 生产率指数模型评价京津冀 13 个城市的公共医疗卫生投入与产出的效率水平及变动情况。刘景章、王晶晶（2015）[3] 对广东省公共卫生支出效率及其影响因素进行了研究。官永彬（2015）[4] 通过 DEA 法测算发现，我国医疗卫生支出规模效率高而纯技术效率偏低，且整体效率地区差异明显。牛帅等（2016）基于 DEA-Malmquist 指数分析法测算了财政卫生支出效率差异，发现医疗配置效率存在地区差异和时间波动。阎东彬等（2016）用 DEA 模型对河北省城市公共支出效率进行评价，发现财政资金使用效率整体不高，医疗卫生支出的产出效率较高，但投入效率较低。孙蕊和高正斌（2016）[5]对甘肃省 2007—2012 年医疗卫生支出效率进行研究，认为财政支出分权有利于提高甘肃省医疗卫生支出效率。裴金平等（2017）[6] 用 DEA-Malmquist 模型测算分析发现，2007—2013 年我国地区财政医疗卫生支出效率由高到低依次为中部、东部和西部，TFP 基本都小于 1 且阻碍因素主要是技术水平的下降。崔志坤等[7]（2018）用 DEA-Malmquist 和受限因变量的 Tobit 模型，测算了 2009—2015 年江苏省地级市医疗卫生支出效率。张凤等[8]（2018）研究了宁夏回族自治区公共

① 张硕. 河北省地方政府卫生支出效率实证研究 [J]. 经济研究参考, 2014 (16)：36-40.

② 王丽，王晓洁. 京津冀协同背景下公共医疗卫生支出绩效差异实证分析 [J]. 中央财经大学学报, 2015 (4)：3-10.

③ 刘景章，王晶晶. 广东省公共卫生支出效率及其影响因素研究 [J]. 产经评论, 2015, 6 (5)：148-160.

④ 官永彬. 新医改以来我国医疗卫生财政支出效率评价：2009—2011 [J]. 中共南京市委党校学报, 2015 (1)：20-27.

⑤ 孙蕊，高正斌. 甘肃省医疗卫生财政支出效率及其影响因素研究 [J]. 经济研究参考, 2016 (17)：40-47.

⑥ 裴金平，刘穷志. 中国财政医疗卫生支出的泰尔差异与效率评价 [J]. 统计与决策, 2017 (24)：80-84.

⑦ 崔志坤，张燕. 财政分权与医疗卫生支出效率：以江苏省为例 [J]. 财贸研究, 2018, 29 (9)：76-84.

⑧ 张凤，任天波，王俏荔. 公共医疗卫生支出效率及其影响因素研究：以宁夏为例 [J]. 中国卫生事业管理, 2018, 35 (6)：428-432.

卫生支出效率及其影响因素。李杨和刘畅[1]（2019）研究了浙江省公共卫生支出效率及其影响因素。郑喜洋、申曙光（2019）[2] 用系统 GMM 估计了2009—2016 年我国省级财政卫生支出绩效。俞佳立和杨上广（2020）[3] 采用 DEA-Malmqusit 模型对长三角医疗卫生支出效率进行研究。薛阳等（2022）[4] 用三阶段 DEA 模型测度我国 31 个省份 2016—2020 年的财政医疗卫生支出效率。

2. 绩效测度指标和结果研究

多数文献在评价财政医疗卫生支出绩效时会采用指标体系。美国 1979 开始了对政府支出的绩效管理，2002 年"启动了国家公共卫生绩效标准项目，允许利益相关者评价公共卫生系统提供的服务"[5]。英国在 1983 年就制定了卫生系统绩效评价方案，评级方案涉及健康促进、公平的可及性、适宜的医疗服务有效供给、效率等 6 个领域，包括全死因死亡人数、癌症死亡人数、儿童免疫、日就医率、住院时间、老年人的紧急接诊等 140 项绩效评级指标[6]。世界卫生组织（2000）提出了用"总体健康状况、人口健康分布、满足需求总体水平、满足需求分配状况和财政支出分布情况"[7] 五个指标衡量一个国家的卫生系统绩效。张怡青等（2018）[8] 从医疗人力资源、医疗服务设施和医疗服务质量三个维度构建医疗卫生机构服务能力评价指标体系。杨春瑜（2019）[9] 将三角模糊数与模糊综合评价法相结合，用于评价公立医院预算绩效的水平，相应提出改进建议以有效提升公立医

① 李杨，刘畅. 浙江省医疗卫生支出效率及其影响因素分析 [J]. 中国卫生统计，2019，36（6）：916-918，922.

② 郑喜洋，申曙光. 财政卫生支出：提升健康与降低费用：兼论企业医保降费 [J]. 经济管理，2019，41（1）：5-21.

③ 俞佳立，杨上广. 长三角医疗卫生支出效率的时空演化研究 [J]. 地理科学，2020，40（9）：1429-1438.

④ 薛阳，薛湘艺，牛子正，等. 我国省际医疗卫生财政支出效率测度研究 [J]. 价格理论与实践，2022（12）：106-109，202.

⑤ MICHELE L. Performance standards being used to strengthen health systems [J]. The Nations Health，2004，34（9）：5.

⑥ HURST J. Challenges for health systems in Member Countries of the OECD [J]. Bull World Health Organization，2000，78：751-760.

⑦ 世界卫生组织. 2000 年世界卫生报告 [M]. 王汝宽，译. 北京：人民卫生出版社，2000：25.

⑧ 张怡青，王高玲. 基于熵权-TOPSIS 法的我国基层医疗卫生机构服务能力差异性分析 [J]. 中国卫生事业管理，2018，35（7）：509-512.

⑨ 杨春瑜. 公立医院预算绩效模糊综合评价 [J]. 社会科学家，2019（5）：68-73.

院的管理水平。马蔡琛和桂梓椋（2019）[①] 提出，随着对结果导向预算的重视，逻辑模型因能关注战略规划过程，可以被用于预算绩效指标框架的构建。马蔡琛和赵笛（2019）[②] 归纳出绩效指标的选取主要有 4E（economy、efficiency、effectiveness、equity）、关键绩效指标法、平衡计分卡、模糊综合评价法等方法，指标权重的确定主要有德尔菲法、相关系数法、层次分析法、熵权法等。申鑫等（2020）[③] 构建了基于 DRG 的医疗服务绩效评价体系。邓剑伟等（2020）[④] 基于通用评价框架构建医疗服务质量评价指标体系。郭捷等（2021）[⑤] 考虑到中间产出过程与各阶段之间的差异性，从初始投入、中间产出和最终健康产出三个方面选取指标测算中国医疗卫生服务效率。于本海等（2022）[⑥] 考虑到环境因素的影响，从投入、产出和环境变量三个维度构建医疗卫生服务效率测度指标体系。王雍君（2021）[⑦] 认为医疗卫生项目的绩效评价分为治理绩效和预防绩效评价，治理项目绩效评价可设置 6 个（发病率、治愈率、患重病概率、穷人看病难易、预期寿命延长和公私适合性）一级指标，预防领域的绩效评价以 6 个（预防有效性、查明与报告、快速反应、卫生体系、风险环境与国际规范的一致性）一级指标最适当。田时中等（2022）基于全过程绩效管理理念，从人力、物力和财力三个方面评价医疗卫生服务投入水平，从门诊服务、住院服务、妇幼保健服务、疾控服务和人民健康五个方面来评价医疗卫生服务产出水平，优选 20 项评价指标建立省级医疗卫生服务水平评价体系。

在选取投入产出指标时主要有三种方法：一是将地方财政医疗卫生支

① 马蔡琛，桂梓椋.基于逻辑模型视角的预算绩效指标建设 [J].地方财政研究，2019（11）：53-61.

② 马蔡琛，赵笛.大数据时代的预算绩效指标框架建设 [J].中央财经大学学报，2019（12）：3-12.

③ 申鑫，韩春艳，甘勇，等.基于 DRG 的医疗服务绩效评价体系构建研究 [J].中国卫生政策研究，2020，13（3）：77-82.

④ 邓剑伟，田慧琳，孙阳阳，等.新医改背景下如何评价医疗服务质量：基于通用评估框架的探索与应用 [J].人口与发展，2020，26（1）：68-75.

⑤ 郭捷，孙子旭，杨立成.我国医疗卫生效率的区域差异及其动态演进研究：基于两阶段视角的实证分析 [J].卫生经济研究，2021（6）：18-22，27.

⑥ 于本海，汪婷，何闯，等.基于三阶段 DEA 的我国医疗卫生服务体系效率测度研究 [J].管理评论，2022，2（12）：312-321.

⑦ 王雍君.预算绩效评价：如何评价医疗卫生项目绩效？[J].财政监督，2021（1）：44.

出作为投入指标，把医疗机构床位数、卫生技术人员和卫生机构数等医疗资源作为产出指标（肖海翔 等[①]，2011；张硕[②]，2014；李郁芳 等[③]，2015）；二是将医疗卫生资源（如医疗机构个数、卫生技术人员数、床位数等）作为投入指标，把医疗资源利用情况（如病床的使用情况、门诊人次及出院人数等指标）作为产出结果（牛帅 等[④]，2016）；三是把预期寿命、婴儿死亡率、围产儿死亡率、孕产妇死亡率和甲乙类法定报告传染病发病率等指标作为衡量健康水平产出指标。Sajadi 等（2020）[⑤] 的研究投入变量选择了人均一般政府卫生支出，产出变量为白喉、破伤风和百日咳的服务范围、家庭计划、抗逆转录病毒疗法、出生时熟练的服务员、结核病治疗成功率、人均一般政府卫生支出占总卫生支出的百分比。周子超（2021）[⑥] 采用两阶段 DEA 分析框架，将出院人数、诊疗人次和病床使用率也纳入指标评价体系作为第二阶段的产出变量，再将两类综合效率求加权算术平均值得出最终效率值，其发现中国 31 个省级政府医疗卫生支出的平均效率呈 "Ω" 形波动。

多数学者认为财政医疗卫生支出地区差异明显，整体绩效有待改善。Rouselle F L 和 Cabanda E C（2009）[⑦] 发现菲律宾多个省市的财政医疗卫生支出效率整体较低。Mirzosaid S（2011）[⑧] 研究发现独联体国家之间医疗

① 肖海翔，周帆，邵彩霞. 地方政府卫生支出效率核算及影响因素分析 [J]. 统计与决策，2011（23）：80-83.

② 张硕. 河北省地方政府卫生支出效率实证研究 [J]. 经济研究参考，2014（16）：36-40.

③ 李郁芳，王宇. 中国地方政府医疗卫生支出效率及影响因素研究 [J]. 海南大学学报（人文社会科学版），2015（3）：41-49.

④ 牛帅，韩民春. 我国医疗资源配置的全要素生产率研究 [J]. 中国卫生经济，2016（9）：59-61.

⑤ SAJADI, HANIYE SADAT. Assessing the efficiency of Iran health system in making progress towards universal health coverage：a comparative panel data analysis [J] Cost Effectiveness and Resource Allocation，2020，18（1）：20.

⑥ 周子超. 中国省级政府医疗卫生支出效率及其影响因素研究：基于新冠疫情背景下的反思 [J]. 经济问题探索，2021（2）：49-65.

⑦ ROUSELLE F L, CABANDA E C. The efficiency of health and education expenditures in the Philippines [J]. Central European Journal of Operations Research，2009，17（3）：5-7.

⑧ MIRZOSAID S. Health expenditure efficiency in the commonwealth of independent states：a data envelopment analysis approach [J]. Transition Studies Review，2011，18（2）：384-404.

卫生支出效率存在显著差异。Hogstedt C（2012）[①] 的研究结果表明非营利性医院的支出效率显著高于营利性医院。Ozcan Y A 和 Khushalani J（2017）[②] 的研究结果表明改善公共卫生系统的国家整体效率更高。Grigoli F 和 Kapsoli J（2018）[③] 发现，与发达经济体相比，发展中国家医疗卫生支出效率明显偏低。Sajadi 等（2020）[④] 的研究结果表明，2010—2015 年，伊朗卫生系统的技术效率评分呈现出下降的趋势，而全要素生产率在 2011 年、2013 年和 2014 年有所提高，2014 年总体效率和全要素生产率提高。国内大多数学者认为地方财政医疗卫生支出效率存在显著的地区差异（张仲芳 等，2013）[⑤]。李忠民等（2011）[⑥] 研究发现我国财政医疗投入产出效率整体偏低，尤其是中西部地区。陈东等（2010）[⑦] 测算了农村医疗卫生财政投入效率并检验了农村医疗卫生投入对该效率的门槛效应。管彦庆等（2014）测算了 2007—2011 年省级财政医疗卫生支出年均存在的损失，发现 2009 年医疗改革对支出效率的技术进步有很大的推动作用。刘穷志和郝珺（2021）[⑧] 用三阶段 DEA-Malmquist 模型测度了我国 31 个省份 2009—2019 年公共卫生财政支出效率，发现区域差异化明显。薛阳等（2022）[⑨] 的研究结果显示，我国医疗卫生财政支出效率仍有较大改善空间，医疗卫

① HOGSTEDT C. Swedish public health policy and the National institute of public health [J]. Scand Public Health, 2012 (3): 13-16.

② OZCAN Y A, KHUSHALANI J. Assessing efficiency of public health and medical care provision in OECD countries after a decade of reform [J]. Central European Journal of Operations Research, 2017: 1-19.

③ GRIGOLI F, KAPSOLI J. Waste not, want not: the efficiency of health expenditure in emerging and developing economies [J]. Review of Development Economics, 2018, 22 (1): 384-403.

④ SAJADI, HANIYE SADAT. Assessing the efficiency of Iran health system in making progress towards universal health coverage: a comparative panel data analysis [J] Cost Effectiveness and Resource Allocation, 2020, 18 (1): 20.

⑤ 张仲芳. 财政分权、卫生改革与地方政府卫生支出效率：基于省际面板数据的测算与实证 [J]. 财贸经济, 2013 (9): 28-42.

⑥ 李忠民, 李剑, 姚宇. 中国省际医疗财政支出效率比较研究：基于 DEA—Malmqusit 指数分析法 [J]. 统计与信息论坛, 2011, 26 (8): 73-77.

⑦ 陈东, 王小霞. 我国农村医疗卫生的投入效率：地区趋同与门槛效应 [J]. 农业技术经济, 2010 (9): 122-128.

⑧ 刘穷志, 郝珺. 基于三阶段 DEA-Malmquist 的我国公共卫生财政支出效率评价 [J]. 统计与决策, 2021, 37 (21): 154-158.

⑨ 薛阳, 薛湘艺, 牛子正, 等. 我国省际医疗卫生财政支出效率测度研究 [J]. 价格理论与实践, 2022 (12): 106-109, 202.

生财政支出效率中部地区最高，西部地区次之，东部地区相对较低。

（二）财政医疗卫生支出绩效影响因素研究

国外学者多从经济、人口和制度三个方面选取人均 GDP、人口密度、城镇化率、财政支出规模、财政资金投入力度和财政分权度等因素，分析其对医疗卫生财政支出效率的影响。Worsfold P（1999）[①] 的研究结果表明，人口密度大的地区的医疗卫生财政支出效率更高。Zhurarskaya E V（2000）[②] 以俄罗斯为样本，研究发现，财政分权体制会严重影响公共服务供给效率。Faguet J P（2004）[③] 研究发现，财政分权能够激励地方政府更好地满足居民对公共人力资本和社会服务的需求。Shah A（2004）[④]指出分权体制对公共服务配置效率的影响，主要取决于财政制度建设是否完善。Herrera S 等（2005）[⑤] 研究了 1996—2002 年 140 个发展中国家的医疗卫生财政支出，发现政府的支出水平对财政支出效率有负向影响。Herrera S 和 Pang Gaobo（2005）[⑥] 的研究表明，财政支出规模越大，城镇化率越高，医疗卫生财政支出的效率也就越高。Jafarov E 和 Gunarsson V（2011）[⑦] 认为医疗卫生财政支出效率受到制度因素的影响，财政制度越完善，融资制度越严格，医疗卫生财政支出的效率越高。Hauner D 和 Kyobe A（2010）[⑧] 研究发现，政府支出占 GDP 的比重与卫生部门的效率正向相关。Antonio

① WORSFOLD P. HRM, Performance, commitment and service quality in the hotel industry ［J］. International Journal of Contemporary Hospitality Management, 1999, 11（7）：17-21.

② ZHURARSKAYA E V. Incentives to provide local public goods：fiscal federalism, Russian style ［J］. Journal of Public Economic, 2000, 76（3）：337-368.

③ FAGUET J P. Does decentralization increase government responsiveness to local needs? ［J］. Journal of Public Economics, 2004, 88（3）：867-893.

④ SHAH A. Fiscal decentralization in developing and transition economies：progress, problems, and the promise ［M］. Washington：World Bank Publications, 2004.

⑤ HERRERA S, PANG G. Efficiency of public spending in developing countries：an efficiency frontier approach ［M］. World Bank Publications, 2005.

⑥ HERRERA S, PANG GAO-BO. Efficiency of public spending in developing countries：an efficiency frontier approach ［C］. World Bank Policy Research Working Paper, 2005, 3645：15.

⑦ JAROV E, GUNARSSON V. Government spending on health care and education in Croatia：efficiency and reform options ［N］. IMF Working Paper, 2011, 5（136）.

⑧ HAUNER D, KYOBE A. Determinants of government efficiency ［J］. World Development, 2010, 38（11）：1527-1542.

Afonso 等（2008）① 的研究表明，教育水平和购买力水平与医疗卫生财政支出效率显著正相关。Che（2011）② 研究发现，韩国的财政支出分权不影响财政效率，而财政收入分权对财政效率有正向影响。Halkos G E 和 Tzeremes N G（2011）③ 的研究结果表明人口密度对医疗卫生服务效率有正向影响。Gerring J 等（2013）④ 的研究结果表明，人均 GDP 和国家的医疗技术水平能够对医疗卫生财政支出效率产生正向的影响。Hadad S 等（2013）⑤ 认为监管机构和多家保险公司的存在降低了医疗保健系统的效率，而社会经济和环境指标与医疗保健系统的效率之间的关系不显著。Lionel D T（2015）⑥ 的研究结果显示，人均 GDP、人口密度、人口的年龄结构、CO_2 排放量、政府效能和政府腐败现状的改进对国家的卫生支出效率会产生重要影响。Pinar K S 等（2016）⑦ 的研究结果表明收入、教育程度和私立医院数量会对效率产生积极影响，而公共和私人卫生费用以及公立医院数量对效率的影响是负面的。Cui Zhenyu 和 Nobuo Akai（2019）⑧首先通过 DEA 数据包络分析计算亚洲国家政府在医疗保健方面的支出效率得分，并在此基础上研究政治因素和其他因素对效率的影响，结果表明腐败程度对医疗保健支出的效率会产生负面影响，而稳定的政治条件和民主

① ANTONIO A, SONIA F. Assessing and explaining the relative efficiency of local government ［J］. The Journal of Socio-Economics, 2008, 37（5）：1946-1979.

② CHE Z X. The effect of fiscal decentralization on the efficiency of local public finance ［J］. Korean Public Administration Review, 2011, 45（4）：117-151.

③ HALKOS G E, TZEREMES N G. A conditional nonparametric analysis for measuring the efficiency of regional public healthcare delivery：an application to Greek prefectures ［J］. Health Policy, 2011, 103（1）：73-82.

④ GERRING J, THACKER S C, ENIKOLOPOVC R. Assessing health system performance：a model-based approach ［J］. Social Science & Medicine, 2013（3）：34-36.

⑤ HADAD S, HADAD Y, SIMON-TUVAL T. Determinants of healthcare system's efficiency in OECD countries ［J］. European Journal of Health Economics, 2013, 14（2）：253-265.

⑥ LIONEL D T. Determinants of health spending efficiency：a tobit panel data approach based on DEA efficiency scores ［J］. Acta Universitatis Danubius：Oeconomica, 2015, 11（4）：56-71.

⑦ PINAR KAYA SAMUT, REYHAN CAFRI. Analysis of the efficiency determinants of health systems in OECD countries by DEA and panel tobit ［J］. Social Indicators Research, 2016, 129（1）：113-132.

⑧ CUI ZHENYU, NOBUO AKAI. Corruption, political stability and efficiency of government expenditure on health care：evidence from Asian countries ［J］. Central Asian Review of Economics & Policy, 2019, 1（3）：1-18.

则会对效率产生积极影响。Anisah A（2019）[①] 的研究发现，财政分权对印度尼西亚各省政府医疗支出效率有促进作用。

国内学者认为影响财政医疗卫生支出效率的因素有经济发展水平、人口老龄化、教育程度、财政分权、户籍制度、医疗改革、城市化等。张仲芳（2013）[②] 认为财政分权和医疗卫生体制改革等政策变量，以及人均GDP、居民受教育水平、人口密度、城市化水平等经济与社会因素是决定效率差异的重要因素，财政分权对地方政府卫生支出效率存在显著负向影响。肖海翔等（2014）[③] 认为人均 GDP、城市化率和人口密度对政府卫生支出健康生产效率有正向影响，财政分权与健康生产效率存在显著负相关关系。程琳和廖宇岑（2015）[④] 认为人口密度、人均 GDP 和教育水平对政府卫生支出有正向影响，人口老龄化对中部地区的政府卫生支出有显著的正向影响。牛帅等（2016）认为医疗配置效率存在地区差异和时间波动，技术进步是影响全要素生产率增长的主要因素。王伟（2017）[⑤] 认为人均GDP、财政农村医疗卫生投入、卫生技术人员占比和总抚养比与财政农村医疗卫生支出效率显著正相关，居民受教育程度和城镇化率与财政农村医疗卫生支出效率显著负相关。郭敏（2018）[⑥] 发现财政支出分权与地方政府医疗卫生支出规模呈正相关关系且系数极小，收入分权会显著降低医疗卫生支出。崔志坤等[⑦]（2018）研究发现技术进步的下降是造成支出效率下降的主要原因，支出分权有利于医疗卫生支出效率的改善，而收入分权

① ANISAH A. Fiscal decentralization and government expenditure efficiency in Indonesia: a malmquist productivity index [J]. Expert Journal of Economics, 2019, 7 (1): 45-57.

② 张仲芳. 财政分权、卫生改革与地方政府卫生支出效率：基于省际面板数据的测算与实证 [J]. 财贸经济, 2013 (9): 28-42.

③ 肖海翔, 曹天舒, 唐李伟. 政府卫生支出健康效率测算及分析 [J]. 中国卫生政策研究, 2014, 7 (11): 71-77.

④ 程琳, 廖宇岑. 地方政府医疗卫生支出效率及其影响因素分析：基于异质性随机前沿模型 [J]. 中国卫生经济, 2015, 34 (1): 16-18.

⑤ 王伟. 我国农村医疗卫生服务供给效率研究 [D]. 济南：山东大学, 2017.

⑥ 郭敏. 中国式财政分权对地方政府医疗卫生支出规模的影响 [D]. 济南：山东财经大学, 2018.

⑦ 崔志坤, 张燕. 财政分权与医疗卫生支出效率：以江苏省为例 [J]. 财贸研究, 2018, 29 (9): 76-84.

则显著阻碍了医疗卫生效率的提高。胡玉杰等（2019）[①] 发现财政收支分权和财政自主度对农村医疗卫生公共服务的影响均显著为正。蒋团标等（2019）[②] 发现财政分权与我国财政医疗卫生支出规模呈显著负相关，财政分权与东部地区虚拟变量的交互项系数为负，东部和中部地区虚拟变量的交互项系数为正。刘利欢（2019）[③] 发现财政医疗支出中，地方财政承担的比重较大，与自身的财力和责任不匹配。以 GDP 为主的考核机制压抑了地方政府对卫生支出积极性。孙琳、高司民（2020）[④] 基于新冠疫情的视角研究我国公共卫生投入，发现相比于发达国家，我国财政的卫生投入占 GDP 的比重较低，在筹资结构上个人所占比重较多，不利于突发事件应急处置。薛钢、明海蓉（2020）[⑤] 提出我国医疗卫生的财政支出增速较缓，而社会的实际需求大，难以得到满足，财政在疾病防控及公共卫生上投入力度不足，同时各地方的经济、人口规模等的差异也影响着财政医疗卫生支出效率。朱德云等（2020）[⑥] 的研究发现，财政支出分权对医疗卫生支出效率具有显著的正向影响，而财政收入分权和财政自主度对其具有抑制作用，并呈现非线性特征，人均 GDP 对财政分权与医疗卫生支出率的负向影响存在单门槛效应，当人均 GDP 高于特定值时，财政分权的抑制作用明显增强，并提出如下建议：要加大科研攻关力度、进一步优化财政分权制度、提升经济发展质量，以提高财政医疗卫生支出效率，建设健康中国。刘穷志和郝珺（2021）[⑦] 研究发现环境因素对公共卫生财政支出效率

---

① 胡玉杰，彭徽. 财政分权、晋升激励与农村医疗卫生公共服务供给：基于我国省际面板数据的实证研究 [J]. 当代财经，2019（4）：39-48.

② 蒋团标，刘慧. 中国财政医疗卫生支出规模差异及影响因素分析 [J]. 统计与决策，2019，35（17）：111-115.

③ 刘利欢. 我国医疗卫生领域财政事权和支出责任划分研究 [J]. 中国管理信息化，2019，22（14）：133-134.

④ 孙琳，高司民. 公共卫生投入与预算绩效评价：基于新冠病毒感染疫情的视角 [J]. 财经智库，2020，5（2）：51-82，142.

⑤ 薛钢，明海蓉. 新冠疫情视角下的医疗卫生财政制度优化研究 [J]. 财政监督，2020（9）：25-30.

⑥ 朱德云，袁月，高平. 财政分权对地方财政医疗卫生支出效率的非线性影响 [J]. 财经科学，2020（8）：118-132.

⑦ 刘穷志，郝珺. 基于三阶段 DEA-Malmquist 的我国公共卫生财政支出效率评价 [J]. 统计与决策，2021，37（21）：154-158.

的评价存在显著影响，并且区域差异化明显。薛阳等（2022）①的研究结果显示，财政自主度、人口密度对医疗卫生财政支出效率有显著负向影响，而人均 GDP 对医疗卫生财政支出效率有显著正向影响。

（三）文献简要述评

综上所述，财政医疗卫生支出绩效一直是学者们关注的重点，通过梳理文献可以得到以下几点结论：

一是无论是发达国家还是发展中国家，都面临财政医疗卫生支出绩效问题。无论是为赢得大选获得执政机会而向选民作出诸多承诺的国家，还是如中国这样的单一制国家，一般都把为国民提供基本医疗卫生公共服务作为政府的一项基本职责。财政医疗卫生支出绩效是一个世界性的问题，由于医疗市场的特殊性，不管是中国这样的发展中国家还是美国这样的发达国家，都面临如何提升财政医疗卫生支出绩效的问题。我国已经建成了世界上规模最大的医疗保障网络，投入了大量的财政资金，对需方和供方进行补贴，并不断强化支出责任和绩效，但是仍然面临着"看病难，看病贵"的难题，财政医疗卫生支出提供的资源和服务仍不能满足人民对健康的需求，未来中国的老龄化、慢性病低龄化等都会增加对医疗服务的需求，中国比其他国家更需要提高医疗卫生支出绩效。

二是财政医疗卫生支出绩效的评价实践研究文献丰富。关于医疗卫生财政支出绩效的实证研究主要集中在效率这一角度，并对医疗卫生财政支出的效率评价和效率的影响因素进行实证分析。在评价支出绩效时，多数用到了 DEA 模型或 DEA 模型与其他模型结合；在投入产出指标的选择上，投入指标或选择用财政医疗卫生支出；产出指标或选择床位数、医生数、护士数等医疗卫生支出所形成的医疗资源，或是选择死亡率、婴儿死亡率、期望寿命等健康水平指标。指标体系上，选择指标各异，各指标权重的设定也各不相同。评价对象上，有的以国家财政医疗卫生支出为评价对象，有的以省级财政医疗卫生支出为评价对象，有的以省级以下城市财政医疗卫生支出为评价对象，有的以某项财政医疗卫生资金为评价对象，涵盖范围比较广泛。在评价的结果上，多数研究认为，医疗卫生支出绩效总

---

① 薛阳，薛湘艺，牛子正，等.我国省际医疗卫生财政支出效率测度研究［J］.价格理论与实践，2022（12）：106-109，202.

体不高，需要进一步提升。影响财政医疗卫生支出绩效的原因很多，经济发展水平、医疗资源供给状况、教育水平、财政医疗卫生支出规模和结构、中央和地方政府医疗卫生支出责任划分、城镇化率等都有可能影响医疗卫生支出绩效。

三是已有的文献研究为财政医疗卫生支出绩效问题提供了丰富的理论解释和经验证据，加深了我们对该问题的认识，但是仍然有很多问题等待深入研究。例如：①绩效评价指标体系的构建，虽然已经有了一些指标评价体系，但是由于医疗卫生服务特点，学者们在指标的选取、权重的设置上并没有取得一致意见，如何构建一个新时代国家财政医疗卫生支出绩效评价指标体系，并获得大家的认可是个难点。②绩效评价之后的深入讨论不够，在以往研究中，多数只是对绩效进行评价并简单分析，但是对形成这样绩效的深层次原因并没有过多的讨论。③对财政医疗卫生支出绩效的讨论，多是从效率的角度考虑，对支出公平性、支出收入分配效应等的研究相对较少，把效率和公平结合在一起的文献就更少。实际上，财政支出要尽量在公平和效率之间取得平衡，特别是教育、医疗等公共服务，因为教育和医疗对个人来说，是其获得收入的两大动力，教育水平的高低直接决定了其是否有机会获得更好的就业机会，医疗水平的高低决定了其是否能获得可及的健康保护以防备不健康的损害。

基于此，本书的研究将从公平和效率两个角度来讨论财政医疗卫生支出绩效，建立基于两个维度的绩效评价模型，对财政医疗卫生支出绩效进行测度；在此基础上，分析影响财政医疗卫生支出绩效的原因，如供给能力、供给意愿和制度约束对医疗卫生支出的影响。供给能力主要取决于供给主体的财政能力，供给意愿主要取决于是否有约束机制激励供给方愿意提供医疗卫生服务，制度约束主要是供给时是否存在获得障碍。供给能力是医疗卫生服务均等化的基础，但是要受到供给意愿的影响，如果缺乏有效的激励约束，则服务供给方可能不会选择提供公共服务，制度约束则决定了一个人获得公共服务的机会是否均等。此外，本书从大健康的视角，讨论提升医疗卫生支出绩效的路径。

第三节　研究内容、研究方法、创新与不足

一、研究内容

自党的十八大以来，中国特色社会主义进入新时代。财政医疗卫生健康支出从 2010 年的 4 804.2 亿元增加到 2022 年的 22 542 亿元，建成了世界上最大的医疗保障体系，形成了中国特色基本医疗卫生制度。持续的财政医疗卫生健康投入在改善居民健康，加快实现健康中国战略，提高医疗卫生的公平性等方面的作用，值得进行深入探讨。

本书的研究按照财政医疗卫生支出的基本目标——"人人享有健康"为主线，对党的十八大以来，财政医疗卫生支出的规模、结构、公平性等问题展开研究，借鉴国内外卫生支出评价的研究成果，结合中国新时代的背景，构建新时代财政医疗卫生支出绩效评价指标体系，并对全国财政医疗卫生支出绩效进行评价，具体内容如下：

第一章是导论。这一部分阐述研究背景和意义，主要概念及相关研究文献，研究内容、研究方法、创新与不足。

第二章是财政医疗卫生支出的理论基础。这一部分首先从公共产品说、人力资本说、消除贫困说、社会伦理说，阐释财政支持医疗卫生的原因；其次从医疗卫生的定义、支出内容和目标，分析财政医疗卫生支出的内涵；最后讨论财政医疗卫生服务供给的方式和支出责任划分。

第三章是新时代财政医疗卫生支出现状。这一部分首先梳理了新时代以来财政医疗卫生支出"供给双补"政策的含义及其实施效果，其次分析了新时代财政医疗卫生支出的规模，最后分析了新时代财政医疗卫生支出的结构变化。

第四章是新时代财政医疗卫生支出绩效评价框架。本章首先分析了美国、英国、澳大利亚和世界卫生组织的卫生绩效评价框架，其次构建了灰色约束锥的 DEA 模型，在此基础上构建公平和效率二维绩效评价框架及指标体系。

第五章是新时代财政医疗卫生支出绩效评价实践。这一部分依据建立的绩效评价框架和指标体系，从公平维度、效率维度和综合维度对全国财政卫生支出绩效进行评价。

第六章是主要结论和政策建议。

本书研究路线如图 1.1 所示。

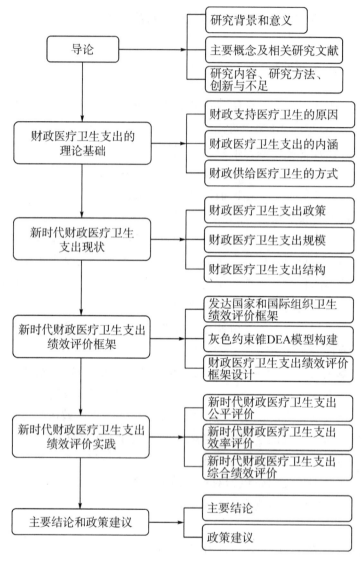

图 1.1 研究路线

二、研究方法

第一，实证分析与规范分析相结合。规范分析方法主要是提出一些分析和处理问题的标准，为财政医疗支出绩效研究树立判断标尺，作为决策和制定政策的依据，据以进行预算决策和制度安排；实证分析方法主要对客观现象、经济行为或经济活动及其发展趋势进行客观分析，得出一些规律性结论，主要解决实施意义上的问题。两者从不同角度研究同一问题，进而形成互为补充的研究范式。

第二，定性分析与定量分析相结合。定性分析是指从事物的本质属性上来认识、把握事物；定量分析则是从事物的规模上来认识、把握事物。本书综合运用卫生经济学、公共经济学、伦理学、管理学、统计学等多学科的理论，在定性研究的基础上，以数量统计方法，应用大量数据资料，分析评价指标与财政基础卫生保健支出的关系，确定相应的权重，探讨基础卫生保健支出绩效评估指标体系。

第三，统计性与灵活性相结合的方法。现行统计制度提供的数据不能完全满足研究的需要，因此本书的研究所用到的数据有多种来源，尽量通过多种渠道保证所需数据的完整性。

三、创新与不足

本书以新时代财政医疗卫生支出绩效评价为研究对象，重点在于论述财政医疗卫生支出是否有效地改善了居民健康状况，始终贯穿健康和财政支出的关系这一主线。本书的分析结果显示，财政支持是建立和完善医疗卫生保障体系的关键，财政医疗支出公平性亟待提高，有效性有待改善。

本书的研究创新体现在三个方面：一是建立了一个分析中国财政医疗支出二维绩效评价模型，利用公平和效率维模型，对我国近20年来的财政医疗卫生支出对居民健康的改善绩效进行了评价。二是运用灰色约束锥的DEA模型分析财政医疗卫生支出绩效。灰色理论对数据的客观性分析，可以使我们克服主观打分带来的个人偏好对结果的影响，使DEA模型评价的结果更加客观。三是从卫生经济学的视角研究财政医疗卫生问题，认为财政医疗卫生支出的目标是人民健康，而不是病床数、医疗机构数等医疗设施，医疗设施和医疗卫生人员只是居民的健康需求产生的引致需求，从而把财政支出绩效最后的评价标准设定为健康的改善，始终贯穿财政医疗卫生投入和改善健康这一主线。

本书对财政医疗卫生支出绩效的研究尚有很多不足之处，如绩效评价指标体系仍然需要不断完善以适应时代的要求，评价的对象需要扩展到省级、市级和县级，深入讨论分析教育、习惯、环境等影响财政医疗卫生支出绩效的路径和机制等。

第二章 财政医疗卫生支出的理论基础

第一节 财政支持医疗卫生的原因

一、弥补市场失灵的需要

（一）医疗卫生的公共品属性

根据公共经济学理论，市场上的产品和服务可以分为公共产品和私人产品，同时具有非排他性和非竞争性的物品称为纯公共品，而仅具有一种特征属性的物品称为准公共品，既有排他性又有竞争性的物品则为私人品。非竞争性是指消费者在消费产品和服务时不影响其他消费者消费其产品和服务，也就是说增加一个消费者的边际成本为零。非排他性是指在消费过程中不能排除其他消费者从中获取利益或服务的可能性。而根据萨缪尔森在《公共支出的纯理论》一书中的定义，公共品还具有不可分割性，即产品不能被分割，由众多消费者共同享有。

医疗卫生服务是由医疗卫生部门或其他组织提供用以满足人们医疗卫生需求的产品或服务。医疗卫生服务可分为纯公共品、准公共品和私人品。有些医疗卫生服务属于纯公共品，比如疾病与健康监测、传染病监测、重大传染病的控制与预防、突发公共卫生事件的处理、公共卫生课题的科学研究、健康教育等，这些公共卫生服务产生的利益不可能专门分割给某一个消费者独自享用，想要限制他人享受这种利益是不可能的，它们同时具有非排他性和非竞争性的特征，就属于纯粹的医疗卫生公共品。而有些医疗卫生产品，不同时具备非排他性和非竞争性的特征，属于准公共品，"比如，预防免疫、妇幼保健、计划生育和从业人员健康检查等"[1]。有些医疗服务则属于私人产品，比如牙科、医疗美容等。

医疗卫生保健产品的公共性，使得其在生产和供给方面与完全私人产品有所不同。一方面，由于医疗公共卫生产品的提供需要具有相当的规模并且成本很高，医疗单位无力承担投入，因此最好由所有的居民共同分担；另一方面，由于公共卫生产品的非排他性，"搭便车"现象盛行，作为经济利益至上的经济体，无论是医疗单位还是个人都没有动力提供这样的服务，除非所获的收益超过成本。这是医疗卫生市场本身具有的内在缺陷，因此需要政府适当介入，对这些领域进行干预。

（二）医疗卫生的外部性

外部性，是指一个经济单位的活动所产生的对其他经济单位的有利或有害的影响。假设 j、k 表示不同的经济单位，当经济单位 j 的目标函数 Q_j 不仅取决于其自身可以控制的变量 $Z_{ij}(i = 1，\cdots，n)$，而且取决于某些不受市场变化影响的、其自身无法控制的变量 Z_{mk} 时，则对单位 j 而言，存在单位 k 带给它的外部效应。用公式表述就是：

$$Q = Q(Z_{1j}，Z_{2j}，\cdots，Z_{nj}，Z_{mk}) \quad j \neq k$$

外部性使得当事一方无法通过市场交易获得外溢的收益或无法通过市场交易获得成本损失的补偿，也没有动力将他给其他人带来的收益或损失纳入其自身决策时的理性考虑之中，结果就是导致两方面的低效率。外部性可以为正（如邻居前院的美丽花园），也可以为负（如工厂烟囱排出的污染）。

卫生领域存在着很多外部性：二手烟、邻居传播传染病的风险、周围积极人群的激励作用、政府征税来为病人付费。例如预防接种，当某人接种对抗某种传染病的疫苗时，不仅接种者本人受益，而且不会传播给其他人，保护了周围每个人，预防接种后人群的集体免疫力增强，降低了人们随机接触时疾病传播的可能性。因此，当你周围的人接种疫苗后，即使你未接种，你也会受益。这个正的外部性被称为群体免疫[2]。接种疫苗，社会得到的好处大于个人得到的好处，即社会收益大于私人收益。新冠病毒感染疫情（以下简称新冠疫情）、严重急性呼吸综合征（SARS）、结核病、

---

① 徐颖科. 中国农村初级卫生保健供给失灵与对策 [J]. 未来与发展，2010 (5)：103.

② 杰伊·巴塔查里亚，蒂莫西·海德，彼得·杜. 健康经济学 [M]. 曹乾，译. 桂林：广西师范大学出版社，2019：414.

艾滋病等传染病的患者，假若不去就医，把病毒传染给其他人，也会危害社会安全和稳定。虽然人类发明的第一种合成抗生素——盘尼西林为疾病的治理作出了很大贡献，但是与此同时，细菌耐药性问题也产生了，抗生素药物的使用产生了负的外部性。每一剂抗生素都培养了更多的具有耐药性的细菌，这损害了世界上每个人的利益，因为谁都可能在未来感染细菌，需要有效的抗生素①。如果在感冒患者或病毒感染者的强烈要求下，医生不合理地使用抗生素，其产生的健康收益为零，甚至为负。

随着人们生活质量的不断提高，以及对医疗卫生事业福利性质的认知更加清晰，之前不在政府提供范围的卫生产品不断被纳入，这使得保证公民基本权益的医疗卫生公共产品的范围逐渐扩大。在医疗卫生公共品的范围不断扩大的同时，私人机构提供卫生产品的动力并不足。因此，政府必须运用财政政策，引导卫生资源公平合理配置，弥补市场失灵。

（三）医疗卫生的信息不对称

在市场经济中，对信息的掌握程度会影响人们的选择与交易行为。拥有信息的不同程度表现为信息不对称，掌握信息比较充分的人们往往处于比较有利的地位；反之，则处于不利地位。

从信息经济学的角度来看，医疗卫生市场上的主要参与者——患者、医疗机构和医疗保险机构三方之间属于委托代理关系。患者、医疗保险机构属于委托人，而医疗机构是两者的双重代理人。由于不同个体获取信息的能力的差异、社会分工和专业化等因素，买卖双方信息严重不对称。

信息不对称的存在，不仅造成代理人为追求自身效用最大化倾向于做出有损于委托方利益的不适当或不道德行为，从而产生道德风险，还可能使信息优势方做出逆向选择。

医疗卫生领域的道德风险集中体现在医疗机构的诱导需求。医疗卫生服务具有典型的非同质性、高度专业性、技术性和不确定性。医疗机构占有绝对的信息优势，处于强势地位，而患者和医疗保险机构则处于信息劣势，只能对医疗机构的行为做出被动的反应。医生对患者病情、诊疗手段以及医疗服务是否适度等信息更为了解，患者由于缺乏医学科学知识和对疾病有恐惧心理，往往对医生持绝对服从态度。而医疗保险机构不直接参与诊疗过程，对医疗机构的行为更缺乏了解。

---

① 杰伊·巴塔查里亚，蒂莫西·海德，彼得·杜. 健康经济学 [M]. 曹乾，译. 桂林：广西师范大学出版社，2019：417.

道德风险会引起医疗卫生的过度需求。这种因医疗劳务社会边际成本大于边际效用而形成的过度使用医疗劳务资源的道德风险与医疗保险的目标相冲突，不利于医疗财务风险的彻底转移，并且会严重破坏医疗保险系统的正常运行，造成医疗保险机构支出增加、亏损和正常运行难以为继，进而导致医疗保险市场萎缩。

逆向选择主要表现在医疗保险市场上，结果是造成医疗保障的覆盖率过低。在竞争的医疗保险市场中，消费者个人比医疗保险机构更了解自己的健康状况，患病风险较高的消费者就会比低风险者更愿意购买和参加医疗保险，从而导致医疗保险支出大大增加。与此同时，私人保险公司选择投保人的标准是盈利，保险公司更愿意接受身体健康的人的投保，一些健康状况很差或具有较高风险的人就会被拒之门外。这种医疗保险市场的逆向选择不利于发挥医疗保险的互济功能，必然导致医疗保险过低的覆盖率，使得医疗卫生消费不足以保护居民健康。

二、发展人力资本的需要

人力资本是国家财富最重要的组成部分之一。西奥多·舒尔茨把人力资本看作人的健康、体力、知识、技能、经验和其他精神的综合体，认为人力资本可以通过投资教育、健康等而获得，人力资本像其他资本一样应当获得回报。

人力资本对一国的经济发展至关重要。世界银行（1995）对 192 个国家的评估发现，平均的人力资本占国民总财富的 64%，而发达国家人力资本占国民财富的比重甚至超过了 80%。加里·贝克尔（1992）认为物质资本只能够解释大多数国家收入增长的相对小部分，未来 50 年内，人力资本将是经济实体中最重要的资本。迈克尔·波特等管理学家也都把人力资本作为一国经济发展的内生变量，认为它是各国经济持续发展的真正原因。

健康的身体是最基本的生产要素，是从事其他活动的前提。有效的公共卫生服务体系可以保护居民免受疾病的侵袭，提高健康资本存量和流量，为经济活动提供健康劳动力，从而间接地促进经济发展。一项典型的统计估算表明，出生预期寿命对经济增长的弹性在 0.3～0.4。从我国的实践来看，健康状况的改善是经济增长的重要前提。新中国成立以后，我国在城乡实施的生育健康、控制传染病和地方病、儿童免疫等公共卫生计划，极大地改善了城乡居民的健康状况，为经济增长提供了基本的人力资本和物质资本。据估计，1950—1982 年，中国人口的平均预期寿命从 35 岁增加到 69 岁，由此而创造的经济价值共 24 730 亿元，平均每年约 773 亿元，相当于国民生产总值的 22%[1]。很多文献认为财政卫生支出有助于改善健康，Bidani 和 Ravallion（1997）发现财政卫生支出对贫穷国家的健康改善效果明显好于富裕国家，两类国家的支出对死亡率的弹性分别为-0.213 和-0.056。Jamison 等（1996）发现政府卫生支出有效地降低了死亡率。Wang（2002）对 1990—1999 年 60 个低收入国家的人口与健康调查（DHS）数据统计分析，也都支持了政府卫生支出有健康改善效果的结论。Gupta 等（2003）发现公共卫生支出对死亡率的弹性，穷人是富人的两倍。Gertler（2004）对 PROGRESA 项目[2]进行评估后发现，接受该项目的儿童在生命最初半年中出现疾病的可能性要低 25.3%，出现贫血的可能性要低 25.3%。

我国在实现中国式现代化和共同富裕的进程中，需要健康人力资本的支持，尤其是农村健康人力资本的支持，农村居民的健康状况会影响到整个国民经济的发展。为农村居民提供健全的医疗保障不仅有助于健康的人力资本的形成，还可能使人力资源的潜在优势转化成现实优势。

三、消除社会贫困的需要

贫困是人类社会的顽疾，是经济、社会、文化贫困落后现象的总称。在物质生活上表现为，一个人或一个家庭的生活水平达不到一种社会可以接受的最低标准。人们在划分贫困人群的时候也更多地以物质贫困为标准。但是在阿马蒂亚·森看来，"贫困是对基本可行能力的剥夺，而不仅仅是收入低下。基本可行能力的剥夺可以表现为过早死亡、严重的营养不良、长期的疾病流行、大量的文盲以及其他一些失败"[3]。

任何人都有患病的可能性，并需要为获得医疗服务付费。在医疗保障体系比较完备的国家，个人的支付比例较低，在预算约束下，不会对家庭和生活造成很大的负担，因为政府承担了卫生支出的绝大部分。对于一个

---

① 黄永昌. 中国卫生国情 [M]. 上海：上海医科大学出版社，1994：35.
② 墨西哥政府 1997 年开始实施的旨在提高贫困人口健康和教育水平为目的的项目。
③ 阿马蒂亚·森. 以自由看待发展 [M]. 任颐，于真，译. 北京：中国人民大学出版社，2003：15.

缺乏医疗保障体系的国家，由于没有这种风险共担机制，人们的卫生支付能力的高低必然会影响个体预算约束。对中国而言，广大的农村地区在2003年以前基本没有医疗保障，居民自付比例很高，影响了居民健康的改善和经济发展。2003年第三次全国卫生服务调查显示，30%的贫困家庭把医疗费用开支归结为贫困的元凶，而与其他亚洲国家相比，中国贫困人口的医疗支出占家庭总支出的比重是最高的，疾病造成的收入损失比医疗服务的直接费用对家庭经济状况的影响更大。国家卫生健康委员会提供的数据显示，截至2015年年底，因病致贫、因病返贫的贫困人口占整个贫困人口的44.1%，涉及近2 000万人，其中患有大病和慢性病的有734万人①。

但贫困人群本身就是一个脆弱群体，没有足够的衣食满足生存需要，生存环境和营养状况较差，保健知识缺乏，比一般人更容易遭到病魔的袭击。如果家庭挣钱养家的人死亡或家里的劳动力生病，要么通过举债、吃便宜食品、延长健康家庭成员的劳动时间，要么依靠存款来应对。更严重的是，由于国家缺少抵御疾病风险的机制，贫困人群更容易陷入贫困、低收入、健康状况不佳的恶性循环，成为消减贫困的障碍。政府为穷人的健康提供支持，能有效保障他们获得健康这一基本人权。有关资料显示，2018—2020年，我国组织动员全国80多万基层医务人员开展健康扶贫工程，对贫困患者实行分类救治，累计分类救治1 900多万贫困患者，医保扶贫政策累计惠及贫困人口4.8亿人次，帮助减轻医疗负担近3 300亿元，近1 000万户因病致贫群众精准脱贫②。

四、体现社会伦理的需要

健康是公民基本的社会权利，政府有责任和义务为全体公民的健康提供公共服务、社会服务和社会福利服务，满足公民的健康需要。正是如此，许多国家都把财政医疗卫生视为政府给国民提供的福利，具有公益性、福利性和生产性。公益性是要为"社会公共谋利益，而不是为了个人或机构，表现在卫生资源和卫生服务的提供是为了满足广大群众的共同需

① 朱萍.健康扶贫"成绩单"：近1 000万因病致贫返贫户脱贫［EB/OL］.（2021-02-26）［2023-03-01］https://m.21jingji.com/article/20210226/6591cc3e074800fddff7af9b7deaec7b.html.

② 国务院新闻办.国务院新闻办就推进健康扶贫和医保扶贫、确保贫困人口基本医疗有保障有关情况举行发布会［EB/OL］.（2020-11-21）［2023-03-01］https://m.21jingji.com/article/20210226/6591cc3e074800fddff7af9b7deaec7b.html.

要，由广大人民共同受益"①。福利性表现在政府为社会成员提供的各项医疗支出和服务的补贴。生产性表现在为国民提供医疗服务，降低劳动者的疾病发生率，促进劳动者的身心健康，为社会生产提供健康劳动力资源，推动社会生产的发展。卫生保健服务是提高国民素质的重要条件，为国民提供基本卫生保健是社会可持续发展的需要，其发展水平是物质文明和精神文明发展水平的重要象征。

政府如果将卫生服务私有化扩大，只考虑成本而忽视伦理，将会偏离卫生保健的职责。实际上，公共卫生领域涉及许多的伦理问题，如传染病防治、保密、对研究对象的保护，卫生保健资源的配置、遗传学、免疫政策、儿童保健与保护、供水系统安全、对健康与安全的规制，食品和药物安全，公共场所禁烟、精神卫生等多方面的问题。因此，当把健康视为一种基本权利，从伦理上讲应该忽略病人无钱看病的问题，政府如果将卫生服务私有化扩大将会使这些问题恶化。

政府在提供公共卫生品的时候需要强调公平与效率的统一，要保证人们公平地获得健康的机会和途径，获得均等化的医疗服务，也就是要保证规则和结果的公平。"要看卫生服务产品的提供是否满足不同地区、不同人群的基本要求"②。我国在提供卫生产品时存在着机会的不公平，主要表现在重视城市忽视农村，重视治疗忽视预防，医疗保险的制度设计还有待完善。"如果政府在不能满足大部分人群最基本的健康需求时，将公共基金用于购买高科技医疗服务，如心脏手术、神经手术等，在伦理上是不恰当的"③。

从经济伦理看，政府只有通过卫生资源的合理配置，实现卫生服务的普遍提供，才能保证公民平等地获得所需要的卫生服务，保证自己的健康权利。因此，对于基本的卫生保健需求，政府要完全承担，体现结果公平的原则；对于比较高的健康保障需求，根据个人意愿和投入成本由市场提供，体现规则公平④。政府通过公共卫生干预，不仅降低了个人的医疗费用，降低了因病产生的社会成本，还改善了人们的生理、心理和社会健康，有利于促进文明、健康的社会环境的形成。

---

① 吴迪. 浅析我国卫生事业的公益性 [J]. 社会观察，2015（3）：365-366.

② 孙慕义. 后现代卫生经济伦理学 [M]. 北京：人民出版社，1999：214.

③ 江芹，胡善联. 公共卫生领域中的伦理学 [J]. 中国医学伦理学，2003（1）：11-12.

④ 吕卓鸿. 基于经济伦理学角度对我国卫生制度的考察与建议 [J]. 中国卫生资源，2004（3）：105-107.

第二节　财政医疗卫生支出的内涵

一、医疗卫生支出的定义

（一）医疗卫生内涵

要理解医疗卫生，就必须先理解健康。从狭义上说，健康是一种身体的正常状态，指不生病或远离疾患，这种状态会随着疾病的侵扰而中断。从广义上说，健康是一种包括了身体的、精神的和社会的完好状态，而不仅仅指不生病或身体虚弱。对健康含义的不同理解会影响对医疗卫生政策的理解，如果是狭义的健康，政策关注的焦点就是医疗服务的提供，如果是广义的健康，政策关注的焦点就是影响个人健康的所有社会、经济、环境和政治过程。

学术界对医疗卫生的含义有不同理解。陆忠、李失禾（1987）认为"医疗是一项社会实践活动，有狭义和广义之分。"狭义的医疗是指医疗技术人员运用医学科学技术与人类疾病作斗争的过程；广义的医疗是指卫生技术人员运用医学科学技术及社会科学知识为防病治病增进人类健康而斗争的过程。狭义的医疗主要是指诊疗；广义的医疗则包括了狭义的医疗、预防、康复、保健、健康医疗咨询等。可见，这个定义实际上是把医疗看作是使人脱离不健康状态的过程。"现代的医疗服务，已从医院内扩大到医院外，形成了综合医疗的概念，医疗内容也日益广泛，包括增进健康、预防疾病和灾害、健康咨询、健康检查、急救处理、消灭和控制疾病、临床诊疗、康复医疗等。医疗服务是指医院或医疗技术人员向人群提供的一种健康服务"[1]。乐虹（2006）认为"医疗是指符合国家规定的专业机构及其人员向人群提供的临床医学及其相关行为，包括疾病的诊断、治疗，护理、医学照顾，以及与人们接受的医学专业服务配套的其他非医学专业的服务活动。"[2]

卫生是"个人、集体的生活卫生和生产卫生的总称。一般指为增进人体健康、预防疾病，改善和创造合乎生理要求的生产环境、生活条件所采

---

① 陆忠，李矢禾. 医院管理词典 [M]. 北京：人民卫生出版社，1987：144.
② 乐虹. 基于服务属性的医疗质量研究 [D]. 武汉：华中科技大学，2006：18.

取的个人和社会的措施，包括以除害灭病、讲卫生为中心的爱国卫生运动。"① 温斯洛（1920）首先提出了公共卫生的概念，他认为"公共卫生是通过有组织的社区努力来预防疾病、延长寿命和促进健康的科学和艺术"②。这个定义概括了公共卫生的早期目标（控制传染病和环境卫生），明确了公共卫生的目的是要保障每个公民都能享有健康长寿的人权，此定义于1952年被世界卫生组织采纳，并沿用至今。英国（1988年）把公共卫生定义为"一门科学和艺术，通过社会有组织的努力来预防疾病、延长寿命和促进健康"③。该定义与温斯洛类似，都强调公共卫生的最终目的和社会参与。美国医学研究所认为公共卫生"就是我们作为一个社会，为保障人人健康的各种条件所采取的集体行动，宗旨是通过保障人人健康的环境来满足社会的利益"④。该定义以每个成员的健康是整个社会的利益所在为前提，明确公共卫生领域无所不包，强调环境因素对健康的影响，以及公共卫生与社会、经济、政治和医疗服务密不可分，改善他人的健康环境和健康状况是我们自己的切身利益，体现了公共卫生的核心价值。澳大利亚政府认为："公共卫生是有组织的社会反应，这些社会反应的目的是促进人群的身体和心理健康，预防疾病、伤害和残疾"⑤。2003年7月28日，时任国务院副总理的吴仪在全国卫生工作会议上的讲话中提出：公共卫生就是组织社会共同努力，改善环境卫生条件，预防控制传染病和其他流行疾病，培养良好卫生习惯和文明生活方式，提供医疗服务，达到预防疾病，促进人民身体健康的目的⑥。因此，公共卫生建设需要政府、社会团体和民众的广泛参与。这是我国第一次对公共卫生的明确定义，国内大多数研究均采用该定义，也是本书所采用的定义。

对医疗卫生概念的不同理解源于人们对"健康"概念的认识与发展。狭义的医疗卫生特指医务人员的诊疗活动，广义的医疗卫生则包括疾病的

---

① 武广华，臧益秀，刘运祥，等. 中国卫生管理辞典 [M]. 北京：中国科学技术出版社，2001：497.

② 黄建始. 什么是公共卫生 [J]. 中国健康教育，2005（1）：19-21.

③ 王宏艳，王宏曼. 从现代公共卫生内涵探寻我国公共卫生建设之路 [J]. 中国公共卫生管理，2005（6）：455.

④ INSTITUTE OF MEDICINE. The future of public health [M]. Washington DC：National Academy Press，1988：1.

⑤ 王宏艳，王宏曼. 从现代公共卫生内涵探寻我国公共卫生建设之路 [J]. 中国公共卫生管理，2005（6）：456.

⑥ 黄建始. 什么是公共卫生 [J]. 中国健康教育，2005（1）：19-21.

预防、诊断、治疗、康复，疾病防治、疫情防控等综合性医学活动，其中，健康教育、疾病防治、疫情防控等内容具有明显的公共卫生的特点。在我国，医疗卫生也称为医疗卫生事业或医疗卫生服务，包括国家与社会为保障和提高人民的健康水平、诊治疾病而建立的法制体系、组织体系、服务体系和服务过程等。医疗卫生是公共卫生和医疗服务的统称，涉及社会公共卫生服务、医疗服务、健康促进服务以及与这些服务相关的保障体系、组织管理和监督体系等。医疗卫生事业的基本框架由"四大体系"构建：公共卫生服务体系、医疗服务体系、医疗保障体系、药品供应保障体系。医疗卫生四大体系相辅相成，配套建设，协调发展。笔者认为医疗卫生包括了疾病的治疗、控制、健康教育等广义医疗卫生概念。

（二）医疗卫生支出

卫生总费用（总支出），是以货币形式作为综合计量手段，全面反映一个国家或地区在一定时期内（通常指一年），全社会用于卫生服务所消耗的资金总额[①]。

2000 年经济合作与发展组织（organization for economic co-operation and development，OECD）组织出版了《卫生核算体系（SHA1.0 版本）》，其费用核算框架分为卫生服务筹资来源、卫生服务提供者和卫生服务功能三个层次，为各国卫生总费用核算的报告与分析奠定了理论基础，是目前国际上比较研究的数据指标的基础。2011 年 OECD、欧盟统计署和世界卫生组织（world health organisation，WHO）等国际组织发布了《卫生费用核算体系（2011 版）》（以下简称 SHA2011）。SHA2011 从消费、服务提供和筹资这三个维度为卫生费用核算提供了标准分类，为编制卫生核算账户提供了指导和方法支持。筹资维度按来源分成了公共筹资、自愿筹资、家庭卫生和国外筹资，具体的筹资方案维度分类与我国具体筹资方案对应如表2.1 所示[②]。服务功能维度包括了治疗服务、康复服务、长期护理服务、辅助性服务、医疗用品、预防服务、卫生行政和筹资管理。服务提供机构维度分类与我国卫生服务提供的实际情况较为相近，主要包括医院（如各类综合医院和专科医院、乡镇卫生院和社区卫生服务中心等）、可居住性长期护理机构（如疗养院）、门诊机构（如诊所、卫生室、医务室、社区卫

---

① 张振忠. 中国卫生费用核算研究报告 [M]. 北京：人民卫生出版社，2009：8.
② 翟铁民，张毓辉，万泉，等. 基于"卫生费用核算体系 2011"的中国卫生费用核算方法学研究 [J]. 中国卫生经济，2015，34（3）：9-11.

生站等）、辅助性服务提供机构（如独立经营的临床检验中心、急救机构）、预防服务提供机构（如疾病预防控制机构、妇幼保健机构和健康教育机构）、卫生行政和筹资管理机构（如卫生监督机构、食品药品监督管理机构、社会医疗保险管理机构、商业医疗保险管理）。人群受益维度，主要反映利用医疗卫生服务人群的年龄、性别、疾病和经济状况等信息，以分析疾病控制的优先领域等，疾病分类可以采用"按疾病种类聚合水平较高的全球疾病负担分类（GBD）"或国际疾病分类（ICD-10）。SHA2011 与 SHA1.0 相比，增加了核算维度，提高了数据的国际可比性，更能满足政策分析的需要①。

表 2.1　SHA2011 筹资方案维度分类与我国具体筹资方案对应

SHA2011 筹资方案	我国筹资方案
HF.1 公共筹资方案	
HF.1.1 政府方案	政府对医疗卫生机构和城乡居民医疗救助 国际援助类资金
HF.1.2 社会医疗保险方案	城镇职工、居民和其他基本医疗保险
HF.1.3 强制性医疗储蓄账户（CMSA）	目前我国尚无此类筹资方案
HF.2 自愿筹资方案	
HF.2.1 商业医疗保险	商业健康保险
HF.2.2 非营利机构筹资	非营利性机构对医疗卫生的筹资方案
HF.2.3 企业与机构自筹	
HF.2.3.1 企业（医疗机构除外） 　　　筹资方案	主要表现为"企业职工医疗卫生费"
HF.2.3.2 医疗机构筹资方案	医疗机构利用自身收入进行筹资
HF.3 家庭卫生支出	居民个人卫生支出（不含缴纳的社会医疗保险费）
HF.4 国外筹资方案（非常单位）	国外机构为本国居民医疗卫生服务筹资

资料来源：笔者根据 SHA2011 整理而得。

---

① 瞿铁民，张毓辉，万泉，等.卫生费用核算新体系：SHA2011 介绍［J］.中国卫生经济，2013，32（1）：13-15.

SHA2011 建议用“经常性卫生费用”替代“卫生总费用”进行复合维度的平衡核算，“资本形成费用”作为单独账户核算。“经常性卫生费用”是当年实际发生的医疗卫生服务消费，是直接与医疗卫生用品和服务消费关联的交易活动。“资本形成费用”是指医疗卫生服务提供机构用于维持或扩大医疗卫生服务所投入的资本，是通过发展技术、人力资源和资本投入等对卫生服务提供起到支持性作用的相关活动，如固定资本的形成、卫生教育与培训、医学科研等。根据核算方法，从不同服务提供机构入手，分别核算治疗服务、康复服务、长期护理服务、辅助性服务等各服务功能费用，最终可分别得到按机构分类、按服务功能分类、按筹资方案分类、按疾病分类和按年龄类别分类卫生总费用（THE）5 个单一维度核算结果，并可以获得其中任意两个维度的平衡[1]。

中国卫生费用的核算体系经历了从 20 世纪 80 年代的“四分法”[2]“六分法”[3] 到 1995 年的“三分法”[4] 的调整，形成了以 2000 年经济合作与发展组织（OECD）《国际卫生核算账户的数据收集制度（第一版）》（SHA1.0）所确立的国际卫生费用核算框架[5]为基础，以“服务功能”[6]为核心的核算体系（见图 2.1），采用来源法、机构法和功能法核算卫生费用，体现了卫生筹资的三个过程：卫生资金筹集（来源法）、卫生资金分配（机构法）以及卫生资金使用（功能法）。来源法是按照医疗卫生资金的筹集渠道与筹资形式收集核算医疗卫生总费用的方法，说明的是“钱从哪里来”，反映在卫生资金的筹集过程中，政府、社会、居民个人的卫生支出水平及构成。机构法是从机构角度出发，核算一个国家或地区在一定

① 翟铁民，张毓辉，万泉，等. 基于“卫生费用核算体系 2011”的中国卫生费用核算方法学研究 [J]. 中国卫生经济，2015，34（3）：9-11.

② 主要有政府卫生预算、保险费用、病人自费和其他费用四项指标。最早开展中国卫生费用核算的是英国的 Nicholas Prescott。1981 年，他与中国国家卫生部规划财务司合作，运用筹资来源法对中国卫生总费用进行估算。

③ 包括政府预算卫生拨款、企业卫生经费、集体经济卫生支出、个体开业投资性支出、居民个人医疗保健支出和其他卫生支出，共六大项指标。1987 年，在继承和吸收国内外专家理论的基础上，结合世界银行“综合性区域卫生发展”贷款项目（简称“卫生Ⅲ项目”）支持下的卫生费用调查研究中所积累的实践经验，我国第一次从筹资来源的角度建立了核算体系，并编写了《卫生总费用调查工作指导手册》。

④ 即政府卫生支出、社会卫生支出和居民个人现金卫生支出。

⑤ 卫生费用核算体系分为 3 个层次，包括卫生服务筹资来源、卫生服务提供者、卫生服务功能，建立 3 个层次的立体平衡账户，三大系统构成了卫生费用核算体系的主要内容和基本框架。

⑥ 包括个人治疗服务费用、公共卫生费用、卫生发展费用、其他卫生费用。

时期内筹集到的卫生资金在各级各类卫生机构的分配，反映全社会筹集的卫生资金在各级各类卫生机构的分配使用，分析与评价卫生资源配置状况，说明的是"钱到哪儿去"。功能法是根据医疗卫生服务活动的功能进行划分，测算消费者接受各类卫生服务时发生的费用，主要说明"钱都花在什么地方并干了什么"，反映卫生资金的使用过程，表现为居民最终消耗的不同功能的卫生服务。2020 年，卫生总费用核算指标列入地区经济社会高质量发展考核指标，许多省份启动了地市级卫生总费用核算，部分省份甚至开展了县区级卫生总费用核算。如湖南省 2018 年和 2019 年分别实现了市州级和县区级卫生总费用核算全覆盖[①]。

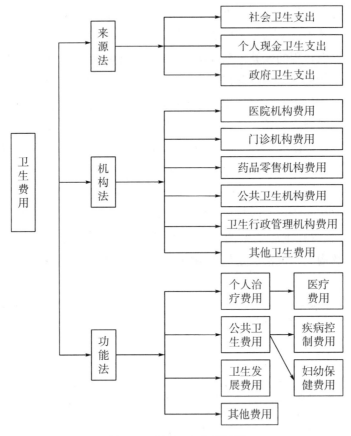

图 2.1　中国卫生费用核算

　　① 张加奇，李玲，毛宇凡，等.新征程中我国卫生总费用核算的新特点、新问题及对策思考[J].卫生经济研究，2023，40（6）：7-10.

根据《2022 中国卫生健康统计年鉴》的解释：政府卫生支出是指各级政府用于医疗卫生服务、医疗保障补助、卫生和医疗保障行政管理、人口与计划生育事务性支出等各项事业的经费，这算是窄口径的财政医疗卫生支出。社会卫生支出是指政府支出外的社会各界对卫生事业的资金投入，包括社会医疗保障支出、商业健康保险费、社会办医支出、社会捐赠援助、行政事业性收费收入等。个人现金卫生支出是指城乡居民在接受各类医疗卫生服务时的现金支付，包括享受各种医疗保险制度的居民就医时自付的费用，可分为城镇居民、农村居民个人现金卫生支出，反映城乡居民医疗卫生费用的负担程度。

我国居民现金卫生支出与国际居民现金卫生支出口径一致，国内外口径的差异主要体现在政府卫生支出和社会卫生支出。国际上的广义政府卫生支出包括狭义政府卫生支出和社会保障卫生支出。我国的广义政府卫生支出除了目前的政府卫生支出外，还应包括社会保障中的医保基金支出。我国社会卫生支出中的其余项目，如商业健康保险费、社会捐赠、企业办医支出等都应按照国际口径归入私人卫生支出。

二、财政医疗卫生支出内容

从理论来看，政府介入医疗卫生领域主要是出于弥补市场失灵的需要、发展人力资本的需要、消除社会贫困的需要和体现社会伦理的需要。然而，政府并不是提供全部医疗卫生服务，只是在自己最有利的领域提供医疗卫生服务，财政医疗卫生支出主要表现在公共卫生服务支出和基本医疗服务支出两大类。

公共卫生服务具有公共物品的属性。狭义的公共卫生服务包括疾病控制与疫情监测、健康教育、妇幼保健和计划免疫等一系列公共性质较强的卫生服务。广义上的公共卫生服务则涵盖全社会，"公共卫生是通过有组织的社区努力来预防疾病、延长寿命和促进健康的科学和艺术"[1]。时任国务院副总理的吴仪（2003）提出"公共卫生就是组织社会共同努力，改善环境卫生条件，预防控制传染病和其他疾病流行，培养良好卫生习惯和文明生活方式，提供医疗服务，达到预防疾病，促进人民身体健康的目的"[2]。根据 OECD 的 SHA2011，预防卫生服务主要包括信息、教育和咨询

---

[1] 黄建始. 什么是公共卫生 [J]. 中国健康教育, 2005 (1): 19-21.
[2] 黄建始. 什么是公共卫生 [J]. 中国健康教育, 2005 (1): 19-21.

项目，免疫项目、疾病早期诊断项目、健康状况监测项目、流行病学监测、危险因素和疾病控制项目、灾害和突发事件应急项目等，预防的目的是防止和减少损伤和疾病，减少后遗症和并发症的数量、减轻其严重程度。预防是基于健康促进策略，通过控制某些中间决定因素，提高人们健康水平的过程。

基本医疗服务属于混合物品的范畴，不具有明显的非竞争性和非排他性，却具有很强的外部效应。如果单靠市场机制提供此类项目，将会出现需求不足和供给不足等问题；而基本医疗服务具有一定程度的"拥挤性"，有时会实行一定的收费制度来提供①。世界银行（1993）认定的基本医疗服务主要包括，妊娠治疗服务、计划生育服务、结核病控制、传染病控制、婴幼儿常见严重疾病的治疗等。2020 年 6 月 1 日施行的《中华人民共和国基本医疗卫生与健康促进法》将基本医疗卫生服务定义为，维护人体健康所必需、与经济社会发展水平相适应、公民可公平获得的，采用适宜药物、适宜技术、适宜设备提供的疾病预防、诊断、治疗、护理和康复等服务。基本医疗卫生服务包括基本公共卫生服务和基本医疗服务。基本公共卫生服务由国家免费提供。基本公共卫生服务主要包括疾病预防和管理、计划免疫接种、健康教育、卫生监督、妇幼保健、精神保健、卫生应急、急救、采血服务、食品安全监督、职业病预防和饮用水安全。基本医疗服务是指医疗制度中给予国民最基本的健康保障福利待遇，以保护国民享有基本的生命健康保障权利，表现为在社会个体面对伤病时所需要的健康体检、诊断、治疗、康复训练、护理等相关服务。

根据我国 2023 年政府支出分类，一般公共预算中卫生保健支出（科目代码 210）包含卫生健康管理事务、公立医院、基层医疗卫生机构、公共卫生、中医药、计划生育事务、行政事业单位医疗、财政对基本医疗保险基金的补助、医疗救助、优抚对象医疗、医疗保障管理事务、老龄卫生健康事务、其他卫生健康支出。公立医院，包括了综合医院、中医（民族）医院、传染病医院、职业病防治医院、精神病医院、妇幼保健医院、儿童医院、其他专科医院、福利医院和康复医院等。基层医疗卫生机构，包括了城市社区卫生机构、乡镇卫生院和其他基层医疗卫生机构支出。公共卫生，包括了疾病预防控制机构、卫生监督机构、妇幼保健机构、精神

---

① 陈共，王俊. 论财政与公共卫生 [M]. 北京：中国人民大学出版社，2007：3-6.

卫生机构、应急救治机构、采供血机构、其他专业公共卫生机构，基本公共卫生服务、重大公共卫生服务和突发公共卫生事件应急处理等。财政对基本医疗保险基金的补助包括财政对职工基本医疗保险基金的补助、财政对城乡居民基本医疗保险基金的补助、财政对其他基本医疗保险基金的补助。医疗救助包括了城乡医疗救助、疾病应急救助和其他医疗救助支出[1]。社保基金预算（科目代码 209）支出中，除职工基本医疗保险基金支出、城乡居民基本医疗保险基金支出之外，还有按规定支付给已纳入企业职工基本养老保险基金开支范围的离退休、退职人员的医疗补助金支出（科目代码为 2090102），按规定为领取失业保险金人员参加职工基本医疗保险缴纳的基本医疗保险费支出（科目代码 2090202）[2]。

三、财政医疗卫生支出目标

（一）提高和维持人民健康水平

政府用财政资金建立医疗卫生健康预防、监测、治疗和管理体制，最基本的目标就是要提高和维持个人、部分人群及全体人群的健康状况，防止健康状况恶化，减少疾病影响。健康是进行生产活动的前提，个体健康是群体健康的基础，每个人都有遭受疾病侵袭的可能，没有人能保证自己终生不受疾病困扰，仅仅依靠个人难以抵抗一些传染病和重大疾病的侵袭，更难以承担昂贵的医疗负担。

提升健康水平需要建立一套医疗卫生服务系统，包括医院、疾病防控机构、健康监测机构、卫生事业管理机构等，分别提供相应的医疗卫生服务，以满足民众的健康需求。医疗卫生消费有群体性消费和个体性消费之分，多数医疗卫生服务的消费都是个体性消费。政府更多地关注群体性服务，服务对象是全体人群（或全体人群中的一部分），使全体使用者同时受益。利用财政资金建立的医疗服务系统，应该实现三个主要目标（见图 2.2）"提高所服务人群的健康水平、对人民的某些期望予以满足、能够保障患者财务开支不致过高"[3]。如果一个卫生系统不能保护和促进人民健康，那么就没有存在的理由，因为其他社会因素也同样会对健康有很大影

---

① 财政部. 2023 年政府收支分类科目 [M]. 上海：立信会计出版社，2022：70-72.
② 财政部. 2023 年政府收支分类科目 [M]. 上海：立信会计出版社，2022：135-136.
③ 世界卫生组织. 2000 年世界卫生报告 [M]. 王汝宽，译. 北京：人民卫生出版社，2000：8.

响，比如教育可以提高人们的健康意识，让人们自觉地形成良好的生活习惯，从而改善健康状况，但教育的主要目标不是健康，而是知识的传承和人格教化。当然，促进健康目标的实现需要一个公平的筹资系统，公平的筹资意味着适当平衡不同支付能力家庭的负担，并为一些无力支付医疗费用的家庭和人士提供帮助，以避免他们遭受生命的威胁，因为当人生病时，不仅会受到疾病的折磨，而且人的尊严和自控能力都受到了影响，加上医疗需求的不可预测性和可能带来的灾难性，医疗费增加了人们抵御风险的需求，因此建立一个公平的风险分担和金融筹资保护机制至关重要。它可以降低对个人尊严和自信的损害程度，减少疾病所带来的恐惧，也降低了人们因为价格昂贵而无法获得需要的保健或因为支付保健费用而陷入贫困并面临更多的健康问题的风险，一个卫生系统对人们需求的反应越迅速，人们利用它改善健康的频率就越高。

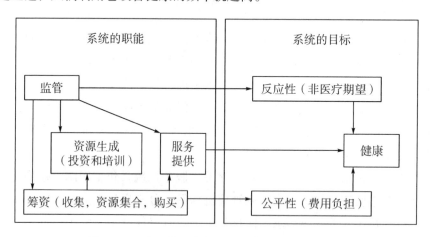

图2.2 卫生系统职能与卫生系统目标之间的关系

资料来源：世界卫生组织. 2000年世界卫生报告［M］. 王汝宽，译. 北京：人民卫生出版社，2000：23.

提供服务是卫生系统最常见的职能。如果卫生系统未能保证有效的培训、公平的筹资和良好的组织管理，便是卫生系统的失败。卫生服务的提供应该以患者为中心，但是满足患者所有需求是不可能的，卫生系统所能做的就是提供特殊的服务和干预，有重点地考虑受疾病困扰的人们的需求。个人治疗需要坚持成本-效益原则，但对于公共资金来说，还需要兼顾平等原则，努力达到横向和纵向平等，承担起保护穷人和弥补保险市场不足的职责，以达到减少卫生不平等的目标。丹尼尔斯（Daniels, 2001）认为健康的公平就是给予每个人同样的机会能够满足其基本的医疗卫生保健需要。森（Sen, 2002）认为健康的不公平容易造成能力贫困和相对剥夺。公共资金需要选择能够立即影响严重疾病危险因子的领域，如儿童营养不良、缺水和卫生等。费用控制可以采取直接分配和严格控制支出的方式。严格支出控制是在可供水平约束下简单的预算性义务组合，目标没有体现对任何特殊的疾病人群或者范围广泛的干预，导致了很大一部分的人群排除在组织良好的保健之外。

（二）合理配置医疗卫生资源

对政府而言，财政医疗卫生支出的规模是有限的，如何在有限资源约束下，实现财政医疗卫生资源最优配置以获得最大限度的健康产出，依赖于对卫生服务市场的有效调节。

医疗卫生支出资金的配置，可以表现为三个不同方面：一是财政医疗卫生资金在预防、治疗、管理等方面的规模和比重，如政府预算中用于支持健康教育、疾病防疫卫生、公立医疗机构建设、医疗卫生事业行政管理等方面的规模和比重，用于反映医疗卫生支出的重点支持方向，我国财政医疗卫生支出中存在"轻预防，重治疗"的倾向；二是财政卫生支出在城市和农村之间的分配，表现为用于农村和城市财政医疗卫生资金的规模和比重，我国财政医疗卫生资源配置存在"重城市，轻农村"的倾向；三是财政医疗卫生支出在大中小城市之间如何分配，我国财政医疗卫生支出中存在"重大城市，轻小城市"的倾向。

财政医疗卫生资源配置是否合理，主要看其是否能够为国民提供公平、可及和高效的医疗卫生健康服务。公平是说机会均等、同质同价，可以保证国民在寻求医疗和保健服务时获得基本平等的机会，保障所有成员平等地获得医疗和保健服务资源，拥有同样质量和数量的医疗卫生服务。可及是说有能力消费医疗服务，保障国民在其身体健康受到损害时，能够获得负担得起相应的医疗服务。政府建立医疗保障体系，实际上就是为国民提供了最基本的健康保护网络，以免担负不起沉重的医疗负担。我国新型农村合作医疗制度建设中财政补贴筹资总额的绝大部分，就是为了切实减轻农民疾病负担，让农民看得起病。高效是说医疗卫生支出要有效率，不能浪费资金，要发挥财政资金的最大效应，切实保障国民健康。

财政医疗卫生支出分配的决策是一个公共决策过程，执政理念、社会经济状况、财政收入等诸多因素都会影响分配结果。从我国来说，在改革开放初期，面临的建设任务很重，医疗卫生、教育等民生支出所占比重不大，有限的医疗卫生资源多集中在大中城市，小城市和农村的优质医疗资源相对缺乏。经过多年建设，政府财力增加后，医疗、教育等民生支出大幅度增加，尤其是在党的十八大之后，通过加强基层医疗卫生机构建设、提高新型农村合作医疗和城镇居民医疗保障水平、建设国家医疗区域中心和建设县域医共体等多种措施，不断优化医疗资源配置，提高了健康防护水平。

合理配置医疗卫生资源，需要政府发挥其决策优势、信息优势、资源优势和政策优势。比如利用决策优势，对医疗卫生发展的规划，对医疗卫生服务资源的存量、分布、结构进行合理调整；利用信息优势，构建分布合理、层次分明的医疗卫生服务体系，促进医疗卫生服务资源的均衡配置，满足城乡居民多层次、多样化的医疗卫生服务需求；利用资源优势，调整财政支出的方向和结构，加大对农村、基层医疗卫生服务体系、预防等投入力度，改善农村、基层医疗卫生服务资源的配置结构；利用政策优势，通过使用税收优惠措施、财政补助金和其他政策来鼓励和支持社会资本参与医疗和健康服务供应，并提高医疗和健康服务资源的分配效率。

第三节　财政供给医疗卫生的方式

一、医疗卫生服务的生产和提供

医疗卫生服务产品具有不同属性，不同医疗卫生服务产品属性决定了财政提供医疗卫生服务的基本边界和范围。一般而言，具有纯公共产品属性的医疗卫生服务产品由政府提供；而混合产品属性的医疗卫生产品提供方式多样，虽然并不确定，但是政府会介入，不过介入程度不一；纯私人产品属性的医疗卫生产品则由市场提供。

依据公共财政理论可知，同一性质的物品可以有不同的提供主体和生产主体。卫生服务领域不同服务的提供可以由其公共性程度来决定，公共性程度越高，政府所起到的作用应该越大，如基本公共卫生服务属于纯公共物品，政府应该成为直接的提供主体，承担更多的责任；相反，非基本医疗服务属于私人产品，其主要提供者应该是市场。卫生服务的提供可以遵循"谁是付费者谁便是提供者"的原则。各类卫生服务的生产则可以根据具体情况选择不同的生产主体。基本公共卫生服务属于纯公共产品或接近纯公共产品的范围，具有非排他性和非竞争性，公共性程度最高。非基本医疗服务则具有排他性和竞争性，属于纯私人物品，公共性程度最低，甚至为零。非基本公共卫生服务和基本医疗服务是介于纯公共产品和私人产品之间的准公共产品，非基本公共卫生服务是偏向于纯公共产品的准公共产品，基本医疗服务是偏向于私人物品的准公共产品，它们都具有一定的正外部性，即非基本公共卫生服务和基本医疗服务的直接受益人受益的同时，也会使其他社会成员受益。多数情况下，非基本公共卫生的公共性高于基本医疗服务，在特定情况下，某些基本医疗服务项目的公共性程度可能会高于某些非基本公共卫生服务，其公共性需要根据具体情况而定，卫生服务的公共性程度越高，政府在服务中的责任越大，所承担的费用越多。

就我国来说，基本公共卫生服务属于纯公共物品，政府是提供主体，为基本公共卫生服务付费并进行管理；服务的主要生产者是乡镇卫生院、村卫生室和社区卫生服务中心（站）等基层医疗卫生机构，在居民接受服务时，生产和提供同时发生，但是并不排除可由第三方生产，政府采取购买方式为国民提供医疗服务。基本医疗服务属于偏向私人物品的准公共产品，应该由政府和消费者共同提供。比如我国的城镇职工医疗保险和居民医疗保险，都需要个人缴纳一部分保险费，才能获得国家医保提供的服务。实际上，医疗服务由谁生产并不重要，重要的是谁来为医疗服务付费。我国政府不仅直接出资建立公立医院、预防机构、培养医护人员，还出台优惠政策引导社会资金进入医疗卫生生产领域，促进健康目标的实现，如在一些公立医院建设中采用 PPP 模型。政府在基本医疗服务生产领域，引入第三部门作为生产主体，采取多样化的生产方式，如政府外包、转让经营权等，不仅能够达到基本医疗卫生服务的目标，也能提高政策实施和资源配置的效率。

基于以上分析可以看出，医疗卫生服务分为基本公共卫生服务与非基本公共卫生服务、基本医疗服务与非基本医疗服务。基本公共卫生服务属于纯公共产品的范畴，其提供主体应该是政府，生产主体可以是政府、市场和第三部门；非基本公共卫生服务是准公共产品，在服务的提供中需要加大政府的投入力度；基本医疗服务属于准公共产品，依靠政府和消费者共同提供，其生产主体也可以多样化；非基本医疗服务是私人产品，生产和提供主体以市场为主。

二、政府财政医疗支出责任划分

合理划分中央与地方财政事权和支出责任是政府有效提供基本公共服务的前提和保障，2016 年发布的《国务院关于推进中央与地方财政事权和支出责任划分改革的指导意见》，提出划分中央与地方财政事权和支出责任应遵循五个原则：

一是体现基本公共服务受益范围。受益范围覆盖全国的基本公共服务由中央负责，地区性基本公共服务由地方负责，跨省（区、市）的基本公共服务由中央与地方共同负责。

二是兼顾政府职能和行政效率原则。所需信息量大、信息复杂且获取困难的基本公共服务优先作为地方的财政事权，信息比较容易获取和甄别的全国性基本公共服务宜作为中央的财政事权。

三是实现权、责、利相统一。适宜由中央承担的财政事权执行权要上划，适宜由地方承担的财政事权决策权要下放。

四是激励地方政府主动作为。通过有效授权，合理确定地方财政事权，使基本公共服务受益范围与政府管辖区域保持一致，激励地方各级政府尽力做好辖区范围内的基本公共服务提供和保障，避免出现地方政府不作为或因追求局部利益而损害其他地区利益或整体利益的行为。

五是做到支出责任与财政事权相适应。按照"谁的财政事权谁承担支出责任"的原则，确定各级政府支出责任。对属于中央并由中央组织实施的财政事权，原则上由中央承担支出责任；对属于地方并由地方组织实施的财政事权，原则上由地方承担支出责任；对属于中央与地方共同财政事权，根据基本公共服务的受益范围、影响程度，区分情况确定中央和地方的支出责任以及承担方式（见表2.2、表2.3 和表2.4）。

表 2.2　医疗卫生领域中央与地方共同财政事权

	财政事权事项	中央分担比例
公共卫生	基本公共卫生服务	第一档 80%；第二档 60%；
医疗保障	医疗救助	第三档 50%；第四档 30%；
计划生育	计划生育扶助保障	第五档 10%
医疗保障	城乡医疗救助和疾病应急救助	
能力建设	国家根据战略规划统一组织实施的卫生健康能力提升项目	根据需求、工作开展情况、地方财力状况等因素确定。
	中医药事业传承与发展	

资料来源：笔者根据《医疗卫生领域中央与地方财政事权和支出责任划分改革方案》整理而得。

表 2.3　医疗卫生领域中央财政事权和支出责任

财政事权事项	主要内容
	1. 公共卫生：
	（1）重大公共卫生服务（全国性或跨区域的重大传染病防控等） 包括纳入国家免疫规划的常规免疫及国家确定的群体性预防接种和重点人群应急接种所需疫苗和注射器购置，艾滋病、结核病、血吸虫病、包虫病防控，精神心理疾病综合管理，重大慢性病防控管理模式和适宜技术探索等
	2. 能力建设
	（1）中央所属医疗卫生机构改革和发展建设 落实国家规定的对中央所属医疗卫生机构改革和发展建设的补助政策，包括符合区域卫生规划的中央所属公立医院、专业公共卫生机构和计划生育服务机构等
	（2）中央卫生健康管理事务 包括中央职能部门承担的战略规划、综合监管、宣传引导、健康促进、基本药物和短缺药品监测、重大健康危害因素和重大疾病监测、妇幼卫生监测等
	（3）中央医疗保障能力建设 包括中央职能部门及其所属机构承担的战略规划、综合监管、宣传引导、经办服务能力提升、信息化建设、人才队伍建设等

资料来源：笔者根据《医疗卫生领域中央与地方财政事权和支出责任划分改革方案》整理而得。

表 2.4　医疗卫生领域地方财政事权和支出责任

事权	主要内容	支出责任
（1）地方所属医疗卫生机构改革和发展建设		
	包括落实国家规定的对地方所属医疗卫生机构改革和发展建设的补助政策，包括符合区域卫生规划的地方所属公立医院、基层医疗卫生机构、专业公共卫生机构和计划生育服务机构等	地方财政承担支出责任。在深化医药卫生体制改革期间，中央财政对地方按规定给予补助
（2）地方自主实施的卫生健康能力提升项目		
	包括地方自主实施的卫生健康人才队伍建设、重点学科发展等项目	地方财政承担支出责任
（3）地方卫生健康管理事务		
	包括地方职能部门承担的战略规划、综合监管、宣传引导、健康促进、基本药物和短缺药品监测、重大健康危害因素和重大疾病监测、妇幼卫生监测等	地方财政承担支出责任
（4）地方医疗保障能力建设		
	包括地方职能部门及其所属机构承担的战略规划、综合监管、宣传引导、经办服务能力提升、信息化建设、人才队伍建设等	地方财政承担支出责任。在深化医药卫生体制改革期间，中央财政对地方医疗保障能力建设按规定给予补助

资料来源：笔者根据《医疗卫生领域中央与地方财政事权和支出责任划分改革方案》整理而得。

　　为全面贯彻落实党的十九大精神，推动实施健康中国战略，按照党中央、国务院关于推进中央与地方财政事权和支出责任划分改革的决策部署，2018 年 7 月，国务院办公厅发布了《医疗卫生领域中央与地方财政事权和支出责任划分改革方案》①，方案以习近平新时代中国特色社会主义思想为指导，按照建立权责清晰、财力协调、区域均衡的中央和地方财政关系的要求，就医疗卫生领域中公共卫生、医疗保障、计划生育、能力建设四个方面的中央与地方财政事权和支出责任进行了界定，助力健康中国战

---

① 国务院办公厅. 国务院办公厅关于印发医疗卫生领域中央与地方财政事权和支出责任划分改革方案的通知（国办发〔2018〕67 号）〔EB/OL〕.（2023-01-02）〔2018-08-13〕. http://www.gov.cn/zhengce/content/2018-08/13/content_5313489.htm.

略和深化医药卫生体制改革，形成中央领导、权责清晰、依法规范、运转高效的医疗卫生领域中央与地方财政事权和支出责任划分模式，提高基本医疗卫生服务的供给效率和水平。

中央和地方医疗卫生事权划分的原则是"坚持政府主导，促进人人公平享有；坚持遵循规律，适度强化中央权责；坚持问题导向，统筹兼顾突出重点；坚持积极稳妥，分类施策扎实推进"。在医疗服务投入上，政府要占据主导地位，确保人人享有基本医疗卫生服务。属于全国性或跨区域的公共卫生服务，要强化中央财政的事权和支出责任。聚焦当前主要问题，深入分析各项基本医疗卫生服务的性质和特点，合理确定中央与地方支出责任分担方式，统筹推进项目优化整合，提高财政资金的使用效益。在保证现有财政事权和支出责任框架总体稳定的基础上，兼顾当前和长远，分类推进改革。

公共卫生方面，主要包括基本公共卫生服务和重大公共卫生服务。基本公共卫生服务主要包括健康教育、预防接种、重点人群健康管理、妇幼卫生、老年健康服务、医养结合、卫生应急等内容。基本公共卫生服务属于中央和地方财政的共同事权和支出责任，由中央制定基本公共卫生服务人均经费国家基础标准，并根据经济社会发展、公共卫生服务需要和财政承受能力等因素适时调整。依据《医疗卫生领域中央与地方财政事权和支出责任划分改革方案》，根据各地情况分成五档①确定中央和地方分担比例，从第一档到第五档，中央分担比例分别为80%、60%、50%、30%和10%。重大公共卫生服务（全国性或跨区域的重大传染病防控等），主要包括纳入国家免疫规划的常规免疫及国家确定的群体性预防接种，艾滋病、结核病、血吸虫病等防控，精神心理疾病综合管理等内容，属于中央财政事权和支出责任。

医疗保障方面，主要包括城乡居民基本医疗保险补助和医疗救助，属于中央与地方的共同财政事权和支出责任。中央财政和地方财政按规定对城乡居民基本医疗保险予以缴费补助，中央财政按照一定补助标准，参照基本公共卫生服务支出责任中央分档分担办法补助资金。城乡医疗救助和

---

① 第一档包括内蒙古、广西、重庆、四川、贵州、云南、西藏、陕西、甘肃、青海、宁夏和新疆，第二档包括河北、山西、吉林、黑龙江、安徽、江西、河南、湖北、湖南、海南，第三档包括辽宁、福建、山东，第四档包括天津、江苏、浙江、广东和大连、宁波、厦门、青岛、深圳，第五档包括北京、上海。

疾病应急救助由中央财政根据救助需求、工作开展情况、地方财力状况等因素通过地方转移支付资金。

计划生育方面，主要包括农村部分计划生育家庭奖励扶助、计划生育家庭特别扶助、计划生育"少生快富"补助3个计划生育扶助保障项目，属于中央与地方共同财政事权，由中央财政和地方财政共同承担支出责任。除上述3个项目之外的原计划生育项目，纳入基本公共卫生服务统筹安排。中央财政参照上述基本公共卫生服务支出责任中央分档分担办法安排补助资金。

能力建设方面，主要包括医疗卫生机构改革和发展建设、卫生健康能力提升、卫生健康管理事务、医疗保障能力建设、中医药事业传承与发展。国家对医疗卫生机构改革和发展建设的补助，按照隶属关系分别明确为中央财政事权或地方财政事权，由同级财政承担支出责任。加大对社会力量办医的支持力度，中央财政和地方财政按照规定落实对社会力量办医的补助政策。国家根据战略规划统一组织实施的卫生健康人才队伍建设、重点学科发展等项目明确为中央与地方共同财政事权和共同支出责任，中央财政根据工作任务量、补助标准、绩效考核情况等因素分配地方转移支付资金。卫生健康管理事务，按照承担职责的相关职能部门隶属关系分别明确为中央财政事权或地方财政事权，由同级财政承担支出责任。医疗保障能力建设，按照承担职责的相关职能部门及其所属机构隶属关系分别明确为中央财政事权或地方财政事权，由同级财政承担支出责任。中医药事业传承与发展，明确为中央与地方共同财政事权，由中央财政和地方财政共同承担支出责任，中央财政根据工作任务量、绩效考核情况、地方财力状况等因素分配地方转移支付资金。

第三章 新时代财政医疗卫生支出现状

第一节 财政医疗卫生支出政策

一、财政医疗卫生投向变化

财政医疗卫生支出是给需方（医疗服务接受者，也就是患者）还是供方（医疗服务的提供者，也就是医疗机构）？医疗卫生领域应该是由政府主导还是由市场主导？"补给谁"决定了财政支出的方向，"谁主导"决定了政府介入医疗市场的深度和强度，如果是政府主导，意味着政府要承担更多责任，可能会增加财政负担。

"补需方"支出指的是政府将财政医疗卫生资金以医疗保障补贴的形式补贴到居民个人医疗保障账户中，从而提高居民的负担能力和政府医疗保障部门作为付费方的议价能力。财政医疗卫生支出"补需方"的优点在于：一是受益人群目标明确，可调控受益对象，支出向特定人群尤其贫困人口倾斜，有利于实现国家政策，提升医疗服务的公平性和可及性；二是利用医疗卫生服务需求方的就医自由权，增强医疗机构间竞争，抑制医疗费用的过快增长。财政医疗卫生支出"补需方"的不足在于：一是由于医疗卫生服务市场的信息不对称，健康状况不好的人参加医保的意愿高，而健康状况较好的人不愿意参加医保，加剧"逆向选择"，而参保后，部分人群可能会对自我健康管理不重视，从而产生过度医疗，增加"道德风险"；二是由于医疗卫生服务市场所具有的特殊性，医生利用自身信息优势诱导创造"供给诱导需求"，加重了患者的医疗负担，还有可能产生供需双方合谋骗取医疗保险资金的现象，从而损害国家的利益。

"补供方"支出是指政府将财政医疗卫生资金直接投放到医疗卫生机构（供给方），以减少医疗机构向患者收取的医药费用。财政医疗卫生支出"补供方"的优点在于，医疗机构数量更少，管理更为便利，更容易集中组织实施，有利于提高医疗资源的公平性和可及性。财政医疗卫生支出"补供方"的缺点：一是容易造成低效率，由于政府和医疗卫生机构的收益目标并不完全一致，政府追求降低医疗费用以减轻患者医疗负担，而医疗机构追求通过收入最大化以实现利益最大化，政府对于医疗卫生机构的补贴并不能阻止医疗卫生机构从患者手中获得更多的收入，可能导致政府投入的财政补贴无法取得预期的结果，同时大大提高了政府的监督成本，容易滋生腐败现象，导致医疗卫生服务效率和质量低下；二是受益群体目标不明确，难以精准实现政府政策目标。

实质上，无论财政医疗卫生支出是"补需方"还是"补供方"，改变的只是医疗卫生领域财政补贴的直接流向，最终流向都是医疗卫生机构。例如流向医疗保障系统的资金，最终还是会以购买医疗卫生服务的方式转化为医疗卫生机构的收入，为医疗卫生事业发展提供稳定的资金来源。政府只不过是利用了医疗服务中的供需双方的博弈，来实现其政策目标。两者的目的均在于抑制医疗费用的过快增长，将医药费控制在合理的范围，减轻患者的医疗费用负担，促进医疗资源公平性和可及性的实现，促进人人享有医疗卫生服务目标的实现，从而解决"看病难，看病贵"问题，提高全民健康水平。

我国1997年医保改革从政策倾向上实行全民医保，推行产权变革，将医疗机构分为非营利性和营利性两类进行管理，划定各自的职能，制定并实施不同的财税、价格政策，并实行医药分开核算、分别管理的办法。政府在医疗卫生中的主导责任淡化，农村地区医疗保障制度退化，"看病难，看病贵"问题逐渐突显。2009年开始的新医改从政策倾向上又回归政府主导，合理利用市场，建立健全覆盖城乡居民的基本医疗卫生制度，为群众提供安全、有效、方便、廉价的医疗卫生服务。在财政医疗卫生支出上，2009年之后的财政医疗卫生支出在增加政府卫生投入的基础上，体现出兼顾需求方和供给方要求的特征，不同时间阶段支出重点有所侧重，但总体上还是实行了"供需兼顾"均衡发展的方针，这有利于弥补单一策略的不足，有利于"医生患者双满意"战略目标的实现。

二、财政医疗卫生支出"补需方"

（一）"补需方"总量变化

从财政卫生支出的流向看，主要有医疗卫生服务、医疗保障、行政管理事务、人口与计划生育四个领域。流向医疗卫生服务领域的支出一般被视为给供方的支出，流向医疗保障领域的支出被视为给需方的支出，行政管理事务和人口与计划生育事务支出被视为医疗卫生事业管理方支出，这里分析供需时只分析供方和需方支出。

从表 3.1 可以看出，2003—2021 年，财政医疗保障支出总额（名义）从 320.54 亿元增加到 9 416.78 亿元，增加了 28.37 倍，同期财政医疗卫生支出从 1 116.94 亿元增加到 20 676.06 亿元。虽然 2021 年财政医疗卫生支出比 2020 年减少了 1 265.84 亿元，但是 2021 年的财政医疗保障支出却比 2020 年增加了 571.85 亿元。财政医疗卫生支出"补需方"绝对额呈增长趋势。2003—2021 年，财政医疗保障支出占财政医疗卫生支出的比重从 28.7% 增加到 45.54%，2009—2021 年，财政医疗保障支出占财政医疗卫生支出比重在 45% 以上。2004—2008 年财政医疗保障支出的增速分别为 16%、22%、33%、59% 和 65%，这主要是建立新型农村合作医疗制度政府大力补贴的结果，2009 年之后，财政医疗保障支出的增速有所下降，大多在 10% 以上。整体上财政医疗保障卫生支出增速小于财政医疗卫生支出增速（见图 3.1）。财政医疗卫生总量支出增加为财政医疗保障支出增加奠定了基础。财政医疗保障支出增加，加快了新型农村合作医疗制度和城镇居民医疗保障制度的建立，为我国建成世界上最大的医疗保障体系奠定了坚实的财力基础。可以说，没有财政医疗卫生的支持，新型农村合作医疗和城镇居民医疗保障制度就难以建立。正是政府在建立医疗保障体系中发挥了主导作用，承担了大部分的筹资责任，才使得城乡居民医保制度加快成型并不断得到完善。

表 3.1　财政医疗卫生"补需方"总量

年份	财政医疗卫生支出/亿元	财政医疗保障支出/亿元	比重/%
2003	1 116.94	320.54	28.70
2004	1 293.58	371.6	28.73
2005	1 552.53	453.31	29.20

表3.1(续)

年份	财政医疗卫生支出/亿元	财政医疗保障支出/亿元	比重/%
2006	1 778.86	602.53	33.87
2007	2 581.58	957.02	37.07
2008	3 593.94	1 577.1	43.88
2009	4 816.26	2 001.51	41.56
2010	5 732.49	2 331.12	40.67
2011	7 464.18	3 360.78	45.03
2012	8 431.98	3 789.14	44.94
2013	9 545.81	4 428.82	46.40
2014	10 579.23	4 958.53	46.87
2015	12 475.28	5 822.99	46.68
2016	13 910.31	6 497.2	46.71
2017	15 205.87	7 007.51	46.08
2018	16 399.13	7 795.57	47.54
2019	18 016.95	8 459.16	46.95
2020	21 941.9	8 844.93	40.31
2021	20 676.06	9 416.78	45.54

数据来源:《2022年中国卫生健康统计年鉴》。

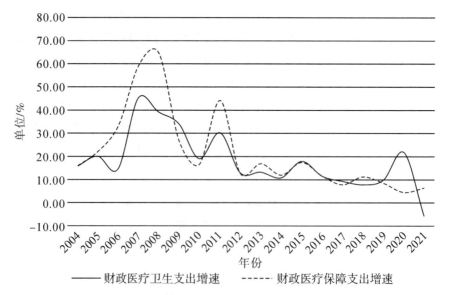

图3.1　财政医疗卫生支出增速

（二）"补需方"结构变化

财政医疗卫生保障支出，主要是投向基本医疗保险基金、医疗救助和其他社会保障（包含行政单位的医疗支出、对事业单位的医疗补助、对公务员的医疗补助和对优抚对象的医疗补助等）。

从表 3.2 可知，基本医疗保险补助占财政医疗保障支出的比重最大，2013—2020 年的比重在 70% 左右，基本医疗保险补助金额从 2010 年的 1 291.88 亿元增加到 2020 年的 6 066.48 亿元。医疗救助补助支出占财政医疗保障支出的比重 2010—2017 年在 4.1%~5.7% 这一范围，2017—2020 年在 6% 以上，医疗救助补助的金额从 2010 年的 131.94 亿元增加到 2020 年的 566.16 亿元。基本医疗保险补助比重呈增长态势，其他医疗保障补助呈下降趋势。

表 3.2　财政医疗卫生保障支出构成

年份	财政医疗保障保支出						
	金额/亿元	基本医疗保险补助		医疗救助补助		其他医疗保障补助	
		金额/亿元	比重/%	金额/亿元	比重/%	金额/亿元	比重/%
2010	2 331.12	1 291.88	55.42	131.94	5.66	907.3	38.92
2011	3 360.78	2 164.15	64.39	168.57	5.02	1 028.06	30.59
2012	3 789.14	2 588.47	68.31	171.26	4.52	1 029.41	27.17
2013	4 428.82	3 114.04	70.31	186.84	4.22	1 127.94	25.47
2014	4 958.53	3 531.59	71.22	212.9	4.292	1 214.04	24.48
2015	5 822.99	4 233.7	72.71	240.58	4.132	1 348.71	23.16
2016	6 497.2	4 804.84	73.95	266.94	4.11	1 425.42	21.94
2017	7 007.51	5 024.08	71.70	376.88	5.38	1 606.55	22.93
2018	7 795.57	5 482.71	70.33	523.32	6.7	1 789.54	22.96
2019	8 459.16	5 863.56	69.32	517.91	6.12	2 077.69	24.56
2020	8 844.93	6 066.48	68.59	566.16	6.40	2 212.29	25.01
增速	14.26	16.73		15.68		9.32	

数据来源：笔者根据 2010—2020 年全国公共财政支出决算数据整理而得。

从表 3.3 可知，城乡居民医保补助支出在基本医疗保险支出中所占的比重最高，保持在 95% 以上水平，财政补贴金额从 2010 年 1 235.75 亿元增加到 2020 年的 5 798.45 亿元，可见城乡居民医保的建立，财政起了决定性的作用。2003 年，我国新型农村合作医疗制度建立伊始，人均筹资水平只有 80 元，农民个人只需承担 10 元。2023 年，我国新型农村合作医疗（现在与城市居民医保合并，并称城乡居民医保）人均筹资标准达到了 1 020 元，居民个人需要承担 380 元，财政补贴 640 元。从补贴 70 元到补贴 640 元，财政需要承担很大的压力，不过就居民个人筹资负担而言，缴费标准不断提高，参保率有所下降需要引起重视。

表 3.3 基本医疗保险补助支出

年份	基本医疗保险补助支出					
	合计/亿元	职工医保		城乡居民医保		其他医保
		金额/亿元	比重/%	金额/亿元	比重/%	金额/亿元
2010	1 291.88	56.13	4.34	1 235.75	95.66	
2011	2 164.15	67.01	3.10	2 097.14	96.90	
2012	2 588.47	84.21	3.25	2 504.26	96.75	
2013	3 114.04	107.1	3.44	3 006.94	96.56	
2014	3 531.59	123.08	3.49	3 408.51	96.51	
2015	4 233.7	151.96	3.59	4 081.74	96.41	
2016	4 804.84	193.29	4.02	4 611.55	95.98	
2017	5 024.08	185.84	3.70	4 753.27	94.61	
2018	5 482.71	187.14	3.41	5 198.26	94.81	
2019	5 863.56	160.18	2.73	5 606.67	95.63	96.71
2020	6 066.48	195.7	3.23	5 798.45	95.58	72.33
增速	16.73	13.3		16.72		

数据来源：笔者根据 2010—2020 年全国公共财政支出决算数据整理而得。

从表 3.4 可以看出，2010—2020 年财政医疗救助支出金额从 131.94 亿元增加到 566.16 亿元，年均增速为 15.68%。医疗救助资金主要用于城乡医疗救助，据中国卫生健康统计年鉴可知，财政资助参加基本医疗保险的人数从 2015 年的 6 213 万人次增加到 2020 年的 9 984.2 万人次，门诊和住院医疗救助人数从 2015 年的 2 515.9 万人次增加到 2020 年的 8 404.2 万人次。

表 3.4　医疗救助支出

年份	医疗救助支出/亿元		
	合计	城乡医疗救助	疾病应急救助
2010	131.94	131.94	
2011	168.57	168.57	
2012	171.26	171.26	
2013	186.84	186.84	
2014	212.9	202.61	10.29
2015	240.58	230.29	10.29
2016	266.94	259.16	7.78
2017	376.88	284.14	7.78
2018	523.32	418.78	7.23
2019	517.91	449.86	7.6
2020	566.16	488.75	9.69
增速	15.68%	13.99%	

数据来源：笔者根据 2010—2020 年全国公共财政支出决算数据整理而得。

正是政府在医疗卫生领域中的责任回归，财政大力投入并不断调整投入方向，才使得城乡居民医疗保障体系从无到有不断完善，为城乡居民提供了基础的健康保障网络。城乡医疗救助体系不断完善，为有特殊需要的人群提供了获得基本医疗保障的机会，使其不至于因遭受疾病侵袭而无法获得医疗保障，难以恢复健康，基本实现"病有所医"的目标。作为医疗服务的需求方，政府建立的医疗保障体系，提高了居民获得优质医疗服务的能力，也促使供给方不断提升医疗服务水平，以吸引居民患病之后到其医院就医，使医院获得更高的收入。

三、财政医疗卫生支出"补供方"

（一）"补供方"总量变化

医疗服务的完成需要供需双方合作才能实现，如果仅靠补需方提高其支付能力，而供给方没有提供服务的能力，供需仍然不能实现均衡。财政医疗卫生支出"补供方"通过对提供医疗服务的医疗机构进行补贴，以提升其供给能力和医疗服务质量。

从表3.5可以看出，2003—2021年财政医疗服务支出的规模从603.02亿元增加到9 564.18亿元，增加了14.85倍，2020年财政医疗卫生服务支出更是达到了11 415.83亿元。2003—2021年财政医疗卫生服务支出占财政医疗卫生支出比重大体上经历先下降后上升的变化，2003—2008年财政医疗卫生服务支出占财政医疗卫生支出的比重从53.99%下降到38.88%，2009—2019年财政医疗卫生服务支出占财政医疗卫生支出的比重大体在40%~45%，2019—2021年，由于新冠疫情的冲击，财政医疗卫生服务支出占财政医疗卫生支出的比重上升较明显，2020年财政医疗卫生服务支出占财政医疗卫生支出比重达到了52.03%。相对于财政医疗卫生支出"补需方"比重不断增加的趋势而言，财政医疗卫生支出"补供方"比重则呈下降趋势。比较2019—2021年补需方比重（46.95%、40.31%和45.54%）和"补供方"的比重（44.33%、52.03%和46.26%）发现，近两年"补供方"比重稍高。不过，进一步观察可以发现，"补给谁"跟当时的环境有关，2019—2021年恰好是疫情期间，"补供方"的比重自然就高一点。

表3.5 财政医疗卫生服务支出

年份	财政卫生支出/亿元	医疗卫生服务支出/亿元	比重/%
2003	1 116.94	603.02	53.99
2004	1 293.58	679.72	52.55
2005	1 552.53	805.52	51.88
2006	1 778.86	834.82	46.93
2007	2 581.58	1 153.3	44.67
2008	3 593.94	1 397.23	38.88
2009	4 816.26	2 081.09	43.21
2010	5 732.49	2 565.6	44.76
2011	7 464.18	3 125.16	41.87
2012	8 431.98	3 506.7	41.59
2013	9 545.81	3 838.93	40.22
2014	10 579.23	4 288.7	40.54
2015	12 475.28	5 191.25	41.61

表3.5(续)

年份	财政卫生支出/亿元	医疗卫生服务支出/亿元	比重/%
2016	13 910.31	5 867.38	42.18
2017	15 205.87	6 550.45	43.08
2018	16 399.13	6 908.05	42.12
2019	18 016.95	7 986.42	44.33
2020	21 941.9	11 415.83	52.03
2021	20 676.06	9 564.18	46.26

数据来源:《2022年中国卫生健康统计年鉴》。

（二）"补供方"结构变化

2009年新医改后，财政医疗卫生对供方的补贴重点由公立医院转向基层医疗卫生服务机构，即经常说的"强基层"。"强基层"的目的在于提升包括基层卫生医疗机构的能力，提高其医疗服务水平，尽可能把普通病人留在基层就医，这样不仅可以让病人及时获得医疗服务，提高分级诊疗效率，减轻病人负担，也可以避免大医院人满为患，产生医疗拥挤现象。

我国基层医疗机构的医疗服务水平、医疗设施条件等落后于城市大医院，难以满足基层民众对健康的需要，民众对其医疗服务能力信任度不高。虽然患者的病情并不严重，基层医疗机构能够治疗，但是仍然有很多患者到大医院就医。归根结底就是基层医疗机构的医疗水平需要提升，只有满足了人民最基本的医疗需要，才能促进分级诊疗的开展，进而提高整个医疗体系的效率。

从表3.6可知，2003—2010年基层医疗卫生机构占财政医疗卫生服务支出比重在11.35%～16.56%，2011年之后这个比重增加到20%以上，2018年这一比重达到28.6%，2020年由于新冠疫情的影响，基层医疗卫生机构支出占财政医疗卫生服务支出的比重回落到21.71%。总体上财政医疗卫生服务支出"补基层"的趋势明显，补贴金额从2003年的68.62亿元增加到2020年的2 478.38亿元。同时，专业公共卫生机构支出占财政医疗卫生服务支出的比重近五年稳定在15%左右，相较之前有所下降。公立医院是财政投入的重点，2020年公立医院获得的财政补贴比重为47.27%，2005年公立医院获得的财政补贴比重为31.98%，其余年份公立医院获得财政补贴的比重都在33%以上。

表 3.6　财政医疗卫生服务支出构成

年份	财政医疗卫生服务支出						
	金额合计 /亿元	公立医院		基层医疗卫生机构		四类专业公共卫生机构	
		金额/亿元	比重/%	金额/亿元	比重/%	金额/亿元	比重/%
2003	603	225.83	37.45	68.62	11.38	101.43	16.82
2004	679.7	228.45	33.61	77.90	11.46	119.70	17.61
2005	805.5	257.61	31.98	97.79	12.14	151.36	18.79
2006	834.8	306.55	36.72	132.32	15.85	174.89	20.95
2007	1 153	430.07	37.29	175.42	15.21	233.43	20.24
2008	1 397	537.51	38.47	214.75	15.37	282.52	20.22
2009	2 081	703.20	33.79	291.77	14.02	334.85	16.09
2010	2 566	848.44	33.07	424.86	16.56	381.50	14.87
2011	3 125	1 052.87	33.69	710.97	22.75	502.21	16.07
2012	3 507	1 185.97	33.82	919.81	26.23	549.15	15.66
2013	3 839	1 297.17	33.79	1 059.54	27.60	609.62	15.88
2014	4 289	1 480.89	34.53	1 145.94	26.72	667.75	15.57
2015	5 191	1 877.16	36.16	1 423.96	27.43	810.35	15.61
2016	5 867	2 147.46	36.60	1 602.97	27.32	918.24	15.65
2017	6 550	2 377.81	36.30	1 807.92	27.60	1 028.42	15.70
2018	6 908	2 704.50	39.15	1 975.70	28.60	1 104.60	15.99
2019	7 986	3 158.63	39.55	2 156.33	27.00	1 189.98	14.90
2020	11 416	5 396.26	47.27	2 478.38	21.71	1 698.68	14.88

资料来源：笔者根据中国卫生健康统计年鉴整理而得。

从表 3.7 可知，2003—2009 年财政疾病预防控制机构支出占财政医疗服务支出比重在 10%~15%，而 2010—2020 年财政疾病预防控制机构支出占财政医疗服务支出比重在 8%~10%。2003—2020 年妇幼保健支出占财政医疗服务支出比重在 2.7%~4.3%。

表 3.7　公共卫生支出占医疗卫生服务支出比重

年份	专业公共卫生机构/%				
	合计	疾控	卫生监督	妇幼保健	采供血
2003	16.82	12.16	1.88	2.79	—
2004	17.61	12.38	2.41	2.82	—
2005	18.79	13.31	2.7	2.79	—
2006	20.95	14.2	3.33	3.42	—
2007	20.24	13.04	3.18	3.36	0.66
2008	20.22	12.95	3.42	3.25	0.6
2009	16.09	10.09	2.46	3.03	0.51
2010	14.87	9.05	2.29	3.03	0.5
2011	16.07	8.88	2.54	3.64	1
2012	15.66	8.75	2.32	3.44	1.15
2013	15.88	8.91	2.2	3.53	1.25
2014	15.57	8.72	1.98	3.59	1.28
2015	15.61	8.63	1.85	3.81	1.32
2016	15.65	8.45	1.83	4.05	1.32
2017	15.7	8.26	1.86	4.22	1.35
2018	15.99	8.56	1.91	4.19	1.33
2019	14.9	8.27	1.71	3.7	1.23
2020	14.88	9.36	1.26	3.3	0.95

资料来源：笔者根据中国卫生健康统计年鉴、卫生健康年报等资料整理而得。

由表 3.8 可以看出，医疗卫生机构中的财政补贴收入基本上呈逐年递增趋势，从 2004 年的 3 614.54 亿元递增到 2020 年的 9 714.50 亿元，2020年和 2021 年财政补贴收入比 2019 年分别增加了 2 979.12 亿元和 2 398.76亿元，这可能是受新冠疫情的影响所致。2004—2020 年财政补贴占收入比重从 7.37% 增加到 19.95%，2011—2019 年财政补贴占收入比重在13%~15%。

表 3.8　全国医疗机构收入构成情况

年份	总收入 /亿元	医疗事业收入 /亿元	财政补助收入 /亿元	占总收入比重 /%
2004	49 025.26	41 947.07	3 614.54	7.37
2005	53 415.89	46 948.60	3 752.40	7.02
2006	60 148.20	51 737.34	5 898.01	9.81
2007	8 967.93	7 226.66	1 173.25	13.08
2008	9 596.07	8 362.46	1 020.14	10.63
2009	11 862.91	10 341.24	1 335.34	11.26
2010	13 726.28	11 847.22	1 667.87	12.15
2011	16 472.99	13 926.84	2 286.00	13.88
2012	19 985.79	16 539.53	2 714.03	13.58
2013	23 147.55	19 147.45	3 131.04	13.53
2014	26 434.89	21 972.14	3 500.63	13.24
2015	29 537.88	24 144.03	4 321.31	14.63
2016	33 166.12	27 099.86	4 848.57	14.62
2017	36 975.32	30 153.16	5 432.25	14.69
2018	41 111.72	33 442.79	6 064.85	14.75
2019	46 441.38	38 009.17	6 735.38	14.50
2020	48 689.98	36 455.04	9 714.50	19.95
2021	54 824.02	42 723.44	9 134.14	16.66

资料来源：笔者根据中国卫生健康统计年鉴整理而得。

从表 3.9 可知，2017—2021 年综合医院的收入中，财政补贴收入占比从 8.31% 增加到 10.95%，药品收入占比从 30.44% 下降到 24.28%。

表 3.9　综合医院收入

指标名称	2017 年	2018 年	2019 年	2020 年	2021 年
机构数/个	4 521	4 522	4 505	4 503	4 507
平均每所医院总收入/万元	38 857.3	42 507.3	48 203.4	48 956.4	53 845.5
财政补贴收入/万元	3 227.7	3 617.3	4 140.9	7 109.7	5 897.4

表3.9(续)

指标名称	2017 年	2018 年	2019 年	2020 年	2021 年
事业收入/万元	—	—	43 052.1	40 280.8	46 588.1
医疗收入/万元	34 677.0	37 764.9	42 872.5	40 060.7	46 279.3
门急诊收入/万元	11 061.8	12 082.4	13 828.6	13 186.9	15 865.5
内：药品收入/万元	4 585.7	4 784.8	5 492.1	5 008.3	5 604.3
住院收入/万元	23 615.2	25 682.4	29 030.6	26 846.9	30 327.4
内：药品收入/万元	7 243.4	7 086.6	7 804.2	6 928.0	7 467.0
财政补贴收入占比/%	8.31	8.51	8.59	14.52	10.95
药品收入占比/%	30.44	27.93	27.58	24.38	24.28

资料来源：笔者根据中国卫生健康统计年鉴整理而得。

国家通过财政医疗卫生支出，调整优化供方结构，增强了基层医疗机构实力，提升了其服务能力，强化了县级医院服务能力，另外通过合理布局国家医疗中心，促使优势医疗资源不断下沉，有力地缓解民众"看病难，看病贵"问题。

第二节　财政医疗卫生支出规模

一、财政医疗卫生支出规模度量标准

政府医疗卫生支出规模是指一个国家或地区各级政府在医疗卫生领域投放的财政资金总额，反映了国家或地区对于医疗卫生领域的重视程度和财政支持力度，体现了政府在医疗卫生筹资领域的重要程度。

一般而言，度量政府医疗卫生支出规模既可以用绝对规模指标，也可以用相对规模指标。绝对规模指标是指一定时期内政府医疗卫生支出的绝对数量及增长速度，相对规模指标是指政府医疗卫生支出与其他相关指标的比例。

按来源核算，一个国家的卫生费用由政府卫生支出、社会卫生支出和个人卫生支出三部分构成。我国居民现金卫生支出与国际上的居民现金卫生支出口径一致。不同国家在政府卫生支出和社会卫生支出口径上有所差

异。国际口径将狭义的政府卫生支出和社会保障卫生支出合并，称为广义政府卫生支出。我国广义政府卫生支出除了政府卫生支出外，还包括社会保障中的医保基金支出。我国社会卫生支出中的其余项目，如商业健康保险费、社会捐赠、企业办医支出等都应按照国际口径归入私人卫生支出。

在度量绝对规模时，本书采用政府医疗卫生支出总量、人均政府卫生支出和政府卫生医疗支出增长率三个指标，反映政府在医疗卫生领域的投入及增长情况。在度量相对规模时，本书采用政府医疗卫生支出占 GDP 比重、政府医疗卫生支出占财政支出比重和政府医疗卫生支出占卫生总费用的比重三个指标，反映政府在医疗卫生领域投入与社会经济产出间的关系、与其他消耗公共资源的公共服务的关系，以及政府对医疗卫生领域的支持程度和投入力度。

从图 3.2 可以得知，2003—2021 年卫生总费用从 6 584.1 亿元增加到 76 844.99 亿元，增长了 10.67 倍，平均增长率为 14%。卫生费用增长速度多数年份都保持两位数的增长，其中 2008 年和 2009 年卫生费用增长速度达到了 25.59% 和 20.68%。

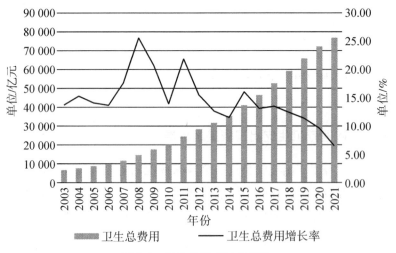

图 3.2　卫生总费用及增长率

依据表 3.10 的数据可知，中国卫生总费用占 GDP 的比重保持增长趋势。卫生总费用占 GDP 比重从 2003 年的 4.79% 增加到 2020 年的 7.12%，2021 年卫生总费用占 GDP 比重为 6.69%。2012—2021 年卫生总费用占 GDP 比重从 5.22% 增加到 6.69%，这期间卫生总费用占 GDP 的比重高于 2003—2011 年。2003—2021 年人均卫生费用从 509.5 元增加到 5 439.97

元，增长了 9.68 倍，平均增长率为 13.4%。

表 3.10　中国卫生总费用占 GDP 的比重

年份	卫生总费用/亿元			人均卫生费用/元
	金额	占 GDP 比重/%	增长率/%	
2003	6 584.1	4.79	13.71	509.5
2004	7 590.29	4.69	15.28	583.92
2005	8 659.91	4.62	14.09	662.3
2006	9 843.34	4.49	13.67	748.84
2007	11 573.97	4.29	17.58	875.96
2008	14 535.4	4.55	25.59	1 094.52
2009	17 541.92	5.03	20.68	1 314.49
2010	19 980.39	4.85	13.90	1 490.06
2011	24 345.91	4.99	21.85	1 804.52
2012	28 119	5.22	15.50	2 068.76
2013	31 668.95	5.34	12.62	2 316.23
2014	35 312.4	5.49	11.50	2 565.45
2015	40 974.64	5.95	16.03	2 962.18
2016	46 344.88	6.21	13.11	3 328.61
2017	52 598.28	6.32	13.49	3 756.72
2018	59 121.91	6.43	12.40	4 206.74
2019	65 841.39	6.67	11.37	4 669.34
2020	72 175	7.12	9.62	5 112.34
2021	76 844.99	6.69	6.47	5 439.97

资料来源：笔者根据中国统计年鉴计算而得。

二、财政医疗卫生支出绝对规模

为了方便比较，表 3.11 给出了财政卫生支出和人均财政卫生支出的名义值和实际值，其中实际财政卫生支出以 1978 年为基期调整得到。从表 3.11 和图 3.3 可以看出，2003—2020 年名义财政卫生支出从 1 116.94 亿元增加到 2020 年的 21 941.9 亿元，增长了 18.6 倍，年均增长率为

17.24%；2021 年名义政府卫生支出略微回落到 20 676.06 亿元，名义财政卫生支出呈现出规模逐年递增的趋势。剔除了物价影响后，2003—2021 年实际财政卫生支出从 295.71 亿元增加至 2021 年的 2 879 亿元，增长了约 8.7 倍，年均增长率为 12.8%。2003 年 SARS 导致名义财政卫生支出急增，增长率达 22.94%；2007 年的增长率为 45.13%，较前一年增加约 30%。与名义财政卫生支出增长率相比，实际财政卫生支出变化趋势较为平缓，名义财政卫生支出增长率与实际财政卫生支出趋势基本一致。

从表 3.11 和图 3.3 可知，2003—2020 年名义人均财政卫生支出从 86.43 元增加到 2020 年的 1 553.83 元，增长了 16.98 倍，年均增长率为 16.63%；2021 年名义人均财政卫生支出略微回落到 1 463.69 元，名义人均财政卫生支出呈现出规模逐年递增的趋势。剔除了物价影响后，2003—2021 年实际人均财政卫生支出从 22.88 元增加至 2021 年的 203.81 元，增长了约 7.9 倍，年均增长率为 12.1%。2003 年 SARS 导致实际人均财政卫生支出急增，增长率达 19.1%；2007 年的增长速度最快为 33.99%，较前一年增加约 23%。与名义人均财政卫生支出增长率相比，实际人均财政卫生支出变化趋势较为平缓，名义人均财政卫生支出增长率与实际人均财政卫生支出趋势基本一致。

表 3.11 2003—2021 年财政卫生支出绝对规模及增长率

年份	名义财政卫生支出		实际财政卫生支出		名义人均财政卫生支出		实际人均财政卫生支出	
	总量/亿元	增长率/%	总量/亿元	增长率/%	总量/元	增长率/%	总量/元	增长率/%
2003	1 116.94	22.94	295.71	19.82	86.43	22.21	22.88	19.10
2004	1 293.58	15.81	320.21	8.28	99.52	15.14	24.63	7.65
2005	1 552.53	20.02	369.87	15.51	118.73	19.31	28.29	14.83
2006	1 778.86	14.58	407.77	10.25	135.33	13.97	31.02	9.67
2007	2 581.58	45.13	549.22	34.69	195.38	44.38	41.57	33.99
2008	3 593.94	39.21	709.33	29.15	270.62	38.51	53.41	28.50
2009	4 816.26	34.01	952.58	34.29	360.90	33.36	71.38	33.64
2010	5 732.49	19.02	1 060.80	11.36	427.51	18.45	79.11	10.83
2011	7 464.18	30.21	1 278.04	20.48	553.25	29.41	94.73	19.74
2012	8 431.98	12.97	1 410.81	10.39	620.35	12.13	103.80	9.57

表3.11(续)

年份	名义财政卫生支出		实际财政卫生支出		名义人均财政卫生支出		实际人均财政卫生支出	
	总量/亿元	增长率/%	总量/亿元	增长率/%	总量/元	增长率/%	总量/元	增长率/%
2013	9 545.81	13.21	1 563.39	10.81	698.17	12.54	114.34	10.16
2014	10 579.23	10.83	1 714.94	9.69	768.58	10.09	124.59	8.96
2015	12 475.28	17.92	2 022.36	17.93	901.88	17.34	146.20	17.35
2016	13 910.31	11.50	2 223.70	9.96	999.07	10.78	159.71	9.24
2017	15 205.87	9.31	2 332.08	4.87	1 086.05	8.71	166.56	4.29
2018	16 399.13	7.85	2 430.08	4.20	1 166.86	7.44	172.91	3.81
2019	18 016.95	9.87	2 635.87	8.47	1 277.73	9.50	186.93	8.11
2020	21 941.9	21.78	3 194.41	21.19	1 553.83	21.61	226.21	21.02
2021	20 676.06	−5.77	2 879.00	−9.87	1 463.69	−5.80	203.81	−9.90

资料来源：根据中国统计年鉴计算。

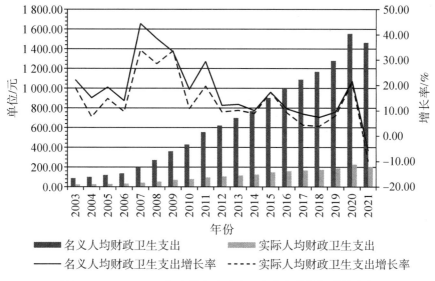

图3.3　2003—2021年中国人均政府卫生支出数额及增长速度

政府医疗卫生支出是中国卫生筹资的重要渠道，具有个人卫生支出所不具备的风险分担功能，是提升卫生筹资公平性的关键。

三、财政医疗卫生支出相对规模

按照中国卫生账户划分标准，中国卫生总费用主要包括财政卫生支出、社会卫生支出和个人卫生支出三部分，其中的政府卫生支出就是财政卫生支出。

从表 3.12 可知，2003—2020 年，财政卫生支出占卫生费用比重从 16.96% 增加到 30.4%，增加了将近 14 个百分点。2003—2007 年财政卫生支出占卫生费用比重增加较快，从 16.96% 增加到 22.31%，这主要是 SARS 疫情过后，财政对新型农村合作医疗制度大幅度投入，还有加大农村医疗机构建设投入的结果。2009 年新医改后，随着财政对城乡居民医保的投入稳定增长，财政卫生支出在卫生总费用中的比重也稳定保持在 30% 左右。同时，2003—2021 年，社会卫生支出占卫生费用比重从 27.16% 增加到 45.5%，增加了将近 18 个百分点。2015—2021 年社会卫生支出占卫生总费用的比重保持在 40% 以上的水平。与此同时，2003—2021 年个人卫生支出比重从 55.87% 下降到 27.6%，彰显了社会医疗保障制度完善对降低居民个人医疗负担的重要性。

表 3.12　2003—2021 年中国卫生总费用筹资构成

年份	合计	财政卫生支出		社会卫生支出		个人卫生支出	
		金额/亿元	占比/%	金额/亿元	占比/%	金额/亿元	占比/%
2003	6 584.1	1 116.94	16.96	1 788.5	27.16	3 678.67	55.87
2004	7 590.29	1 293.58	17.04	2 225.35	29.32	4 071.35	53.64
2005	8 659.91	1 552.53	17.93	2 586.41	29.87	4 520.98	52.21
2006	9 843.34	1 778.86	18.07	3 210.92	32.62	4 853.56	49.31
2007	11 573.97	2 581.58	22.31	3 893.72	33.64	5 098.66	44.05
2008	14 535.4	3 593.94	24.73	5 065.6	34.85	5 875.86	40.42
2009	17 541.92	4 816.26	27.46	6 154.49	35.08	6 571.16	37.46
2010	19 980.39	5 732.49	28.69	7 196.61	36.02	7 051.29	35.29
2011	24 345.91	7 464.18	30.66	8 416.45	34.57	8 465.28	34.77
2012	28 119	8 431.98	29.99	10 030.7	35.67	9 656.32	34.34
2013	31 668.95	9 545.81	30.14	11 393.79	35.98	10 729.34	33.88
2014	35 312.4	10 579.23	29.96	13 437.75	38.05	11 295.41	31.99

表3.12(续)

年份	合计	财政卫生支出		社会卫生支出		个人卫生支出	
		金额/亿元	占比/%	金额/亿元	占比/%	金额/亿元	占比/%
2015	40 974.64	12 475.28	30.45	16 506.71	40.29	11 992.65	29.27
2016	46 344.88	13 910.31	30.01	19 096.68	41.21	13 337.9	28.78
2017	52 598.28	15 205.87	28.91	22 258.81	42.32	15 133.6	28.77
2018	59 121.91	16 399.13	27.74	25 810.78	43.66	16 911.99	28.61
2019	65 841.39	18 016.95	27.36	29 150.57	44.27	18 673.87	28.36
2020	72 175	21 941.9	30.40	30 273.67	41.94	19 959.43	27.65
2021	76 844.99	20 676.06	26.91	34 963.26	45.50	21 205.67	27.60

资料来源：根据中国统计年鉴计算。

从财政卫生支出、社会卫生支出和个人卫生支出比重的变化规律看，随着财政在医疗卫生领域主导责任的回归，社会医疗保障体系不断完善，个人卫生支出不断下降，财政卫生支出和社会卫生支出比重会不断上升，并稳定在一定的水平，2015年之后，财政卫生支出、社会卫生支出和个人卫生支出比重基本呈3∶4∶3的结构，并且随着财政支出比重和社会医疗保障筹资水平增加，个人卫生支出比重会进一步下降（见图3.4）。

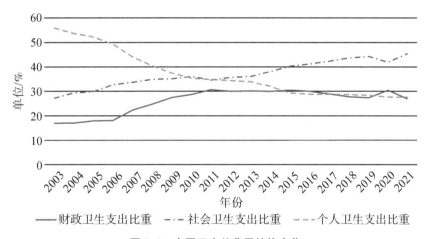

图3.4 中国卫生总费用结构变化

从表3.13可知，财政医疗卫生支出占GDP的比重相对较低，2003—2007年财政医疗卫生支出占GDP的比重不到1%，2008—2020年财政医疗卫生支出占GDP的比重从1.13%增加到2.16%，2021年财政医疗卫生支出占 GDP 的比重回落到 1.80%，总体上，财政医疗卫生支出占 GDP 的比重维持在 2% 左右。财政医疗卫生支出占财政支出的比重增长稳定，2003—2020 年财政医疗卫生支出占财政支出的比重从 4.53% 增加到 8.93%，2016—2021 年财政医疗卫生支出占财政支出的比重在 7% 以上，未来有可能稳定甚至超过 8% 的水平，这主要是因为我国提前步入了老龄化社会，老年人对医疗健康的需求比年轻人更为迫切，老年人口增多可能会增加医疗需求，从而使未来医疗支出压力增加，财政医疗卫生支出也会相应地增加。

表 3.13　2003—2021 年财政医疗卫生支出比重

年份	财政卫生支出		
	占 GDP 比重/%	占财政支出比重/%	占卫生总费用比重/%
2003	0.81	4.53	16.96
2004	0.80	4.54	17.04
2005	0.83	4.58	17.93
2006	0.81	4.40	18.07
2007	0.96	5.19	22.31
2008	1.13	5.74	24.73
2009	1.38	6.31	27.46
2010	1.39	6.38	28.69
2011	1.53	6.83	30.66
2012	1.57	6.69	29.99
2013	1.61	6.81	30.14
2014	1.64	6.97	29.96
2015	1.81	7.09	30.45
2016	1.86	7.41	30.01
2017	1.83	7.49	28.91
2018	1.78	7.42	27.74
2019	1.83	7.54	27.36
2020	2.16	8.93	30.40
2021	1.80	8.42	26.91

资料来源：根据中国统计年鉴计算。

第三节　财政医疗卫生支出结构

一、财政医疗卫生支出结构度量维度

财政医疗卫生支出结构是指医疗卫生领域投放的财政资金总额在不同政府层级、不同区域、不同项目和不同部门间的分配状况，反映了财政医疗卫生支出重点和医疗卫生资源配置状况。财政医疗卫生支出结构变化，反映了财政医疗卫生领域支出重点的变化。在规模既定的前提下，财政卫生支出结构是衡量医疗卫生资源配置与公平性的重要指标。合理的财政卫生支出结构不仅是保障民生的重要手段，还是协调医疗卫生领域乃至全社会公平与效率关系的重要工具。

财政医疗卫生支出结构，可从多个角度或维度来理解和描述：一是不同层级政府间财政医疗卫生负担结构。我国政府分成中央、省、市、县和乡五个层级，理论上每个层级政府都有不同的支出职责，实际研究中往往分为中央政府财政医疗卫生支出和地方政府财政医疗卫生支出，地方政府财政医疗卫生支出指的是省及省以下各级政府财政医疗卫生支出。二是城乡分配结构。本书对城乡区分一般依据户籍，分为农村户籍和城市户籍，随着人口流动规模扩大，我国更多地采用居住地标准来识别城市和农村的差别，不过医疗卫生领域比较特殊，很难统计乡以下的卫生数据，因此医疗卫生领域的城乡划分，多把县及县以下卫生支出称为农村卫生支出，把地级市卫生支出及直辖市卫生支出称为城市卫生支出，因此，按照财政卫生支出的城乡分配结构，将其分为城市财政医疗卫生支出和农村财政医疗卫生支出。三是区域分配结构。本书根据国家对经济区域的界定，对卫生支出进行统计和分析，根据我国情况，财政卫生支出分为东部地区、中部地区、西部地区财政医疗卫生支出。四是支出功能结构。根据资金用途可将财政医疗卫生支出分为医疗卫生服务、医疗保障服务、行政管理事务以及人口与计划生育事务支出四个部分。本节拟从上述四个维度对我国财政医疗卫生支出结构的现状与变化趋势进行分析和讨论。

二、财政医疗卫生支出政府间分配结构

表 3.14 列出了我国中央财政医疗卫生支出、地方财政医疗卫生支出以

及中央与地方财政医疗卫生支出占比情况，其中中央财政医疗卫生支出由中央本级医疗卫生支出和中央对地方转移支付两部分组成。由于2007年财政支出口径发生了变化，因此为了数据的可比性，本节使用2007—2021年数据分析中央和地方财政医疗卫生支出①及比例的变化趋势。

表3.14　中央和地方财政医疗卫生支出结构

年份	医疗卫生支出/亿元				支出占比/%	
	中央	中央本级	对地方转移支付	地方	中央	地方
2007	664.3	34.21	630.09	1 325.66	33.38	66.62
2008	826.8	46.78	780.02	1 930.24	29.99	70.01
2009	1 273.21	63.5	1 209.71	2 720.98	31.88	68.12
2010	1 515.68	73.56	1 442.12	3 288.5	31.55	68.45
2011	1 784.31	71.32	1 712.99	4 645.2	27.75	72.25
2012	2 101.32	74.29	2 027.03	5 143.79	29.00	71.00
2013	2 653.32	76.7	2 576.62	5 626.58	32.05	67.95
2014	2 931.26	90.25	2 841.01	7 245.55	28.80	71.20
2015	3 337.49	84.51	3 252.98	8 615.69	27.92	72.08
2016	3 495.31	91.16	3 404.15	9 663.46	26.56	73.44
2017	3 667.04	107.6	3 559.44	10 783.59	25.38	74.62
2018	4 214.92	210.65	4 004.27	11 408.63	26.98	73.02
2019	4 920.99	247.72	4 673.27	11 744.35	29.53	70.47
2020	5 239.16	342.78	4 896.38	13 977.03	27.26	72.74
2021	5 300.63	223.51	5 077.12	13 842.05	27.69	72.31

资料来源：笔者根据每年财政决算报告整理而得。

首先，从表3.14可以看出，在中央财政医疗卫生支出中，中央本级医疗卫生支出数额相对较少，即中央政府直接投入医疗卫生领域的资金占比较小，而由中央拨付地方并由地方投入医疗卫生领域的资金占比相对较大，即中央对地方的转移支付数额较大。

其次，从表3.14可以看出，2007—2021年中央财政医疗卫生支出和地方财政医疗卫生支出基本呈现出逐年递增的态势（除2021年地方财政

---

① 政府卫生支出在财政统计科目中，2007—2013年为医疗卫生支出，2014—2018年变更为医疗卫生与计划生育支出，2019年再次变更为卫生健康支出，这里均以政府卫生支出代称。

医疗卫生支出出现小幅度下降外）。其中，中央财政医疗卫生支出由 2007 年的 664.3 亿元增加至 2021 年的 5 300.63 亿元，增加了近 7 倍；地方财政医疗卫生支出由 2007 年的 1 325.66 亿元增加至 2021 年的 13 842.05 亿元，增加了 9.4 倍。2007—2021 年，中央财政医疗卫生支出和地方财政医疗卫生支出年均增长率分别为 16.61% 和 19.07%，地方财政医疗卫生支出的增长速度明显快于中央财政医疗卫生支出的增长速度。此外，中央本级医疗卫生支出年均增长率为 17.63%，略快于中央对地方医疗卫生转移支付 16.71% 的年均增长速度。

最后，从表 3.14 可以看出，2007—2021 年中央财政卫生支出和地方财政卫生支出比例大致稳定在 3 ∶ 7 的水平上，即中央财政承担了 30% 左右的医疗卫生领域事权和支出责任，地方财政承担 70% 左右的事权和支出责任。其中，2007 年地方财政医疗卫生支出占比最低，为 66.62%；2017 年地方财政医疗卫生支出占比最高，为 74.62%；并且 2014 年以来地方政府卫生支出占比持续高于 70%。

二、财政医疗卫生支出城乡间分配结构

改革开放以来，我国在经济社会飞速发展的同时，城乡发展不平衡问题日益突出，不利于经济持续健康发展和社会和谐。城市和农村居民的人均卫生费用相差较大，政府对农村基层医疗机构的投入相对较少，大部分的财政资金流向城市中的大医院。财政医疗卫生支出城乡结构差异主要体现在城乡卫生费用差异和医疗卫生资源配置差异上，以下从城乡卫生费用和城乡医疗资源分布情况两个角度分析财政医疗卫生支出的城乡结构。

表 3.15、图 3.5、图 3.6 列示了 1990—2016 年中国城乡卫生费用、城乡人均卫生费用及城乡卫生费用相对差距的变化趋势。

首先，从卫生费用总量来看，由表 3.15 和图 3.6 可知，1990 年中国城市卫生费用为 396 亿元，略高于农村卫生费的 351.39 亿元，之后在 1990—2016 年中国城市和农村卫生费用都出现了较大幅度的增加。其中，城市卫生费用由 1990 年的 396 亿元增加至 2016 年的 35 458.01 亿元，年均增长率为 18.11%；农村卫生费用由 1990 年的 351.39 亿元增加至 2016 年的 10 886.87 亿元，年均增长率为 13.56%。同时，由于城市卫生费用的增长速度要明显快于农村卫生费用的增长速度，这就造成城乡卫生费用之间的差距在不断扩大。城乡卫生费用比由 1990 年的 1.13 增加为 2016 年的 3.26，增加了近 2 倍。

表 3.15 1990—2016 年城乡卫生费用变化趋势

年份	卫生费用/亿元			人均卫生费用/元		
	城市	农村	城市/农村	城市	农村	城市/农村
1990	396.00	351.39	1.13	158.8	38.8	4.09
1992	597.30	499.56	1.20	222	54.7	4.06
1994	991.50	769.74	1.29	332.6	86.3	3.85
1996	1 494.90	1 214.52	1.23	467.4	150.7	3.10
1998	1 906.92	1 771.80	1.08	625.9	194.6	3.22
2000	2 624.24	1 962.39	1.34	813.7	214.7	3.79
2002	396.00	351.39	1.13	987.1	259.3	3.81
2003	4 150.32	2 433.78	1.71	1 108.9	274.7	4.04
2004	4 939.21	2 651.08	1.86	1 261.9	301.6	4.18
2005	6 305.57	2 354.34	2.68	1 126.4	315.8	3.57
2006	7 174.73	2 668.61	2.69	1 248.3	361.9	3.45
2007	8 968.7	2 605.27	3.44	1 516.3	358.1	4.23
2008	11 251.9	3 283.5	3.43	1 861.8	455.2	4.09
2009	13 535.61	4 006.31	3.38	2 176.6	562	3.87
2010	15 508.62	4 471.77	3.47	2 315.5	666.3	3.48
2011	18 571.87	5 774.04	3.22	2 697.5	879.4	3.07
2012	21 280.46	6 838.54	3.11	2 999.3	1 064.8	2.82
2013	23 644.95	8 024	2.95	3 234.1	1 274.4	2.54
2014	26 575.6	8 736.8	3.04	3 558.3	1 412.2	2.52
2015	31 297.85	9 676.79	3.23	4 058.5	1 603.6	2.53
2016	35 458.01	10 886.87	3.26	4 471.5	1 846.1	2.42

资料来源：笔者根据中国统计年鉴计算整理而得。

其次，从人均卫生费用来看，由表 3.15 和图 3.6 可知，1990 年中国城市人均卫生费用为 158.8 元，而农村人均卫生费用仅为 38.8 元，不足城市人均卫生费用的 1/4。之后在 1990—2016 年中国城市人均卫生费用和农村人均卫生费用都出现了较大幅度的增加。其中，城市人均卫生费用由 1990 年的 158.8 元增加至 2016 年的 4 471.5 元，年均增长率为 13.16%；农村人均卫生费用由 1990 年的 38.8 元增加至 2016 年的 1 846.1 元，年均增长率为 15.38%，略快于城市人均卫生费用的增长速度，这就使得城乡人均卫生费用之间的差距在不断缩小。由表 3.15 和图 3.6 可以看出，城乡人均卫生费用比由 1990 年的 4.09 缩小至 2016 年的 2.42，减少了近一半。但城乡人均卫生费用绝对差距基本上呈逐年递增的态势，如图 3.6 所示。城市和农村人均卫生费用基本呈逐年递增趋势（除 2005 年城市人均卫生费用出现下降和 2007 年农村人均卫生费用出现下降外），但城市人均卫生费用始终高于农村人均卫生费用，且两者之间的绝对差距也逐年扩大。

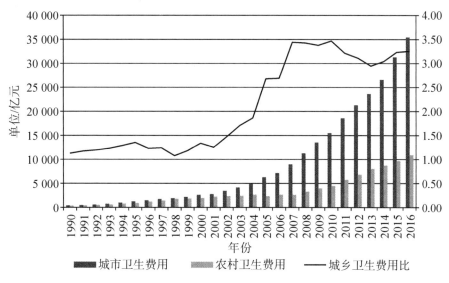

图 3.5　城乡卫生费用及差距变化趋势

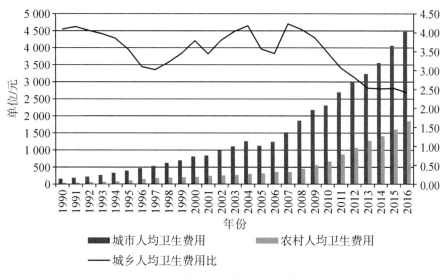

图 3.6　城乡人均卫生费用及差距变化趋势

表 3.16 列出了每万人口卫生技术人员数、每万人口执业（助理）医师数和每万人口医疗机构床位数三个医疗卫生资源衡量指标。由表 3.16 可知，无论是卫生技术人员数、执业（助理）医师数，还是医疗机构床位数，城市都具有明显的绝对优势，而农村地区的医疗卫生资源明显少于城市地区。2021 年城市每万人口卫生技术人员数为 99 人，而农村地区仅为 63 人，城市地区是农村地区的 1.57 倍；2021 年城市每万人口执业（助理）医师数为 37 人，农村地区为 24 人，城市地区每万人口执业（助理）医师数是农村地区的 1.54 倍；2021 年城市每万人口医疗卫生机构床位为 74.73 张，农村地区为 60.09 张，城市地区是农村地区的 1.24 倍。

表 3.16　城乡医疗卫生资源分配情况

年份	卫生技术人员数/万人		执业（助理）医师数/万人		医疗机构床位数/万人	
	城市	农村	城市	农村	城市	农村
2007	64	27	26	12	49	20.01
2008	67	28	27	13	51.7	22
2009	72	29	28	13	55.4	24.1
2010	76	30	30	13	59.4	26
2011	79	32	30	13	62.4	28
2012	85	34	32	14	68.8	31.1
2013	92	36	34	15	73.6	33.5
2014	97	38	35	15	78.37	35.4
2015	102	39	37	16	82.7	37.1
2016	104	41	38	16	84.13	39.09
2017	109	43	40	17	87.54	41.87
2018	109	46	40	18	87	45.6
2019	111	50	41	20	87.81	48.09
2020	115	52	43	21	88.1	49.5
2021	99	63	37	24	74.73	60.09

资料来源：笔者根据中国卫生健康年鉴整理而得。

城乡卫生费用和医疗卫生资源的差距反映了政府在城乡医疗卫生领域资源配置的不均衡，体现了政府医疗卫生支出"重城市，轻农村"的分配状况，扩大了城乡健康人力资本积累和经济发展水平的差距，同时也严重影响了农村医疗卫生事业的持续健康发展。

三、财政医疗卫生支出区域间分配结构

从前文对政府间负担结构的分析可知，地方政府是各地区医疗卫生支出的主要承担者。各地区的财政收入能力及中央对地方的医疗卫生转移支付决定了地方财政医疗卫生支出的水平，进而决定了地方医疗卫生资源总量，影响了地方医疗卫生资源的配置情况。中国幅员辽阔、自然地理条件复杂多样，地区间的经济发展水平差距较为悬殊，从而导致地区间财政医疗卫生支出结构的失衡。在各地区经济发展水平不均衡的客观背景下，财政医疗卫生支出在区域间分配的均衡性和协调性对实现我国医疗卫生服务公平性至关重要。本节参照国家统计局的区域划分标准①，将全国分为东部、中部和西部三个区域，从财政医疗卫生支出总量、人均财政医疗卫生支出两个角度来分析政府医疗卫生支出的区域分配结构。

表 3.17 列出了 2007—2021 年东部、中部和西部三个地区的财政医疗卫生支出和人均财政医疗卫生支出情况。图 3.7 反映了各区域财政医疗卫生支出增长趋势。

表 3.17　2007—2021 年各区域财政医疗卫生支出情况

年份	财政医疗卫生支出/亿元			人均财政医疗卫生支出/元		
	东部	中部	西部	东部	中部	西部
2007	918.02	499.52	538.20	175.00	119.37	149.14
2008	1 239.35	711.63	759.28	233.10	169.34	209.51
2009	1 632.58	1 152.45	1 145.67	302.95	273.29	314.87
2010	1 985.23	1 323.97	1 421.42	360.69	313.17	394.08
2011	2 523.42	1 813.36	1 921.42	473.15	427.94	530.46
2012	2 980.62	2 040.72	2 149.47	533.68	480.05	590.06
2013	3 405.83	2 354.61	2 442.78	605.93	551.81	666.75
2014	4 227.32	2 875.81	2 983.43	747.40	671.18	809.86

① 依据国家统计局的分类，东部地区包括北京、上海、浙江、广东、江苏、天津、福建、辽宁、山东、河北、海南 11 个省市，中部地区包括安徽、江西、河南、湖北、湖南、山西、吉林、黑龙江 8 个省份，西部地区包括四川、重庆、贵州、云南、陕西、甘肃、青海、宁夏、内蒙古、广西、新疆、西藏 12 个省份。

表3.17(续)

年份	财政医疗卫生支出/亿元			人均财政医疗卫生支出/元		
	东部	中部	西部	东部	中部	西部
2015	4 892.38	3 421.6	3 554.71	859.80	794.74	957.33
2016	5 498.43	3 687.07	3 882.13	959.10	852.68	1 037.61
2017	6 022.21	4 025.39	4 295.45	1 043.13	927.38	1 139.53
2018	6 545.26	4 285.57	4 582.1	1 126.38	983.20	1 207.21
2019	7 056.17	4 531.32	4 830.11	1 169.19	1 071.84	1 265.16
2020	7 963.84	5 381.64	5 527.96	1 312.22	1 280.89	1 443.03
2021	8 470.48	4 928.89	5 519.83	1 392.39	1 175.08	1 441.92

资料来源：笔者根据中国卫生健康年鉴计算整理而得。

图3.7 各区域财政医疗卫生支出增长趋势

结合表3.17和图3.7可以看出，2008年以前人均财政医疗卫生支出最高的是东部地区，其次是西部地区，最低的是中部地区；2008年以后人均财政医疗卫生支出最高的是西部地区，其次是东部地区，中部地区最低，"中部凹陷"现象仍然存在。同时，2007—2021年，东部、中部和西部三个区域的人均财政医疗卫生支出规模与财政医疗卫生支出规模变化趋势基本一致，呈逐渐递增的态势。其中，东部地区的人均财政医疗卫生支出从2007年的175元增加至2021年的1 392.39元，增加了近7倍；中部地区的人均财政医疗卫生支出从2007年的119.37元增加至2021年的

1 175.08 元，增加近 9 倍；西部地区的人均财政医疗卫生支出从 2007 年的 149.14 元增加至 2021 年的 1 441.92 元，增加了近 9 倍。2007—2021 年，东部、中部和西部三个地区的人均财政医疗卫生支出的年均增长率分别为 16.32%、18.86% 和 18.38%，中部和西部地区人均财政医疗卫生支出的增长速度要快于东部地区人均财政医疗卫生支出的增长速度。此外，图 3.7 还描述了东、中、西三个区域人均财政医疗卫生支出的历年增长率，可以看出三个区域政府医疗卫生支出的增长率变化趋势与政府医疗卫生支出总规模的增长趋势基本一致，整体呈逐年递减的趋势。2011 年以前三个区域的增长率差异较为明显，2011 年以后三个区域的增长率基本维持在一个相似的水平。2009 年中部地区人均财政医疗卫生支出增长率最高，为 61.39%；西部地区次之，为 50.29%，达到各自在 2007—2021 年的最高水平。

第四章 新时代财政医疗卫生支出绩效评价框架

第一节 发达国家和国际组织卫生绩效评价框架

一、美国卫生绩效评价框架

美国是从事绩效研究最早的国家，为推进绩效评估实践，美国颁布了一系列的相关法律，最有名的是 1993 年《政府绩效与成果法》（GPRA），这部法案赋予了政府要求各机构部门对其每年的工作绩效实施及目标完成情况进行报告的权力。政府审计办公室依据 GPRA 法案确立了绩评估步骤：确定目标、发展绩效指标、收集数据和分析结果报告，用以对绩效评价进行原则性指导。

美国卫生绩效的评价主体主要有精神健康服务机构（CMHS）、医疗保健研究与质量局（AHRQ）和国家卫生研究院（NIH）等多个部门，各部门承担了不同的工作内容并各有侧重。例如，美国联邦中心精神健康服务机构（CMHS）在 1997—1998 年制定了针对县郡一级的卫生评价指标体系，并用现场调查的方法对指标进行了检验。美国医疗保健研究与质量局是另外一个重要的绩效评价机构，它同 HHS 领导下的其他机构如美国国家卫生研究院、疾病控制中心等一同开展工作，在卫生绩效评价体系中具有重要的作用，承担着调研卫生保健服务的结果和质量、解决病人的安全问题、保障有效服务的可及性等指标任务。

美国的卫生绩效框架以质量评价和病人需求为中心展开。质量评价内容主要包括卫生服务的组织和结构评价、过程评价、结果评价和影响评价等，在某种程度上代表了绩效评价。指标的设置从病人和疾病的角度而不是医疗机构出发，体现了以病人的需求为驱动，追求高质量的卫生主题。

美国医学研究所和美国医疗保健行业消费者保护及质量咨询委员会分别提出了各自的质量评价框架。其中，美国医学研究所（IOM）提出了国家医疗质量概念框架和相应的指标体系（见表4.1）。

表 4.1　美国国家医疗质量框架

	病人医疗需求	医疗保健质量组成			
		有效性	安全性	及时性	以病人为中心
保健维度	健康状况维持				
	健康状况改善				
	有疾病或残疾时的需求				
	临终时保健需求				
	卫生质量维度				

美国国家医疗质量框架由卫生质量维度和保健维度组成。卫生质量维度用有效性、安全性、及时性和病人中心性4个方面衡量；保健维度则由健康状况维持和改善，有疾病或残疾时的保健需求和临终时保健需求四部分构成。

美国医疗保健行业消费者保护及质量咨询委员会的卫生质量评价框架包括安全性、及时性、有效性、经济性、公平性和以病人为中心6个方面，比美国医学研究所的指标多了公平性和经济性。美国的卫生绩效质量报告中国家层面的指标201个，其中核心指标42个。卫生保健质量报告维度和指标如表4.2所示。

表 4.2　卫生保健质量报告维度和指标

维度	指标数	核心指标数
有效性	136	34
安全性	41	4
及时性	8	2
病人中心性	14	2
合计	201	42

反映有效性的指标主要涉及癌症、糖尿病、乙肝、妇幼保健疾病的发病率、治愈率等 34 个,涉及安全性的有术后并发症、药物治疗并发症等 4 个,病人中心性主要是通过医生从来不或偶尔认真听取患者(成人、小孩)、解释疑惑等的比例等来体现,及时性则由保健预约和等候时间 2 个主要指标来体现。

二、英国卫生绩效评价框架

英国国民卫生服务(national health service, NHS)体系于 1948 年建立,由各级公立医院、各类诊所、社区医疗中心和养老院等医疗机构组成。其管理体制分为三个层级,第一层是社区基础医疗系统,作为 NHS 的主体,它们主要负责基础保健;第二层为社区全科诊所;第三层为城市综合性医院。政府财政为国家卫生服务体系提供所需要资金的 82%,国民保险税为该体系提供 12.2%资金支持,社会及慈善机构的捐款和少量的非免费医疗收入为该体系提供了少量的资金[①]。随着人口不断增加,国民对于健康的需求增加,缺乏外部竞争机制的英国国民卫生服务体系内部浪费严重[②],迫切需要改革,以提高绩效。

1999 年英国国家卫生与安全委员会(HSC)提出了一个绩效评价框架,主体是国家卫生服务(NHS)绩效指标。该框架根据平衡记分卡原理构建,并从法律上赋予其测量、评估、赏罚的功能,评价内容以服务质量、效果和效率为重点。该框架在国家层面上涉及卫生医疗服务 6 个方面的内容:健康促进、公平的可及性、适应的医疗服务有效供给、效率、NHS 病人体验和 NHS 卫生产出。其中,医疗保健机构在国家层面的指标涉及临床有效性与结果、效率、就医体验与能力 4 个方面。英国 NHS 绩效评价框架和指标见图 4.1。

---

① 郭岩. 卫生事业管理 [M]. 北京:北京大学出版社,2003:205-209.
② 程晓明. 卫生经济学 [M]. 北京:人民卫生出版社,2003:129-131.

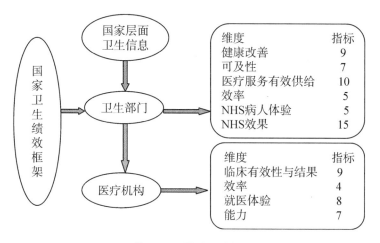

图 4.1　英国 NHS 绩效评价框架和指标

英国 NHS 绩效评价指标主要有 79 个。其中涉及卫生部门的共有 6 个维度 51 个指标：用期望寿命、癌症死亡人数和婴儿死亡率等 9 个指标评价健康改善，用住院的病人等待清单、成人牙齿档案等 7 个指标表示服务可及性，用儿童免疫、非适宜性手术等 10 个指标表示医疗服务有效供给，用日住院率、住院时间等 5 个指标表示效率，用取消手术、延迟下班等 5 个指标表示 NHS 病人的体验，用婴儿死亡数、老年人的紧急接诊等 15 个指标评价 NHS 卫生保健的卫生产出。评价医疗保健机构临床有效性指标共有 4 个维度 28 个指标：用中风病人经治疗出院人数和急诊病人再次入院人数等 9 个指标表示临床疗效与结果，用住院天数和住院患者不占用病床数等 4 个指标表示效率，用 13 周门诊等待和一个月内未经病人同意手术取消等 8 个指标表示就医体验，用临床疏忽、因病误工率等 7 个指标表示能力。

这些指标共同构成了英国国家卫生服务绩效评价体系，利用国家层面的绩效指标和临床指标（the clinical indicators，CIs）对卫生系统的绩效进行评价，可以发现阻碍绩效改善的症结，从而纠正错误或改善绩效。

英国卫生绩效框架体现了"改善卫生不平等，追求公平服务可及性"的主题、病人至上和追求合理卫生支出的内涵，表现在：公平性不仅是卫生活动追求的重要目标，也是伦理道德标准的一个方面，公平性要保证公民有获得健康的平等权利；可及性则要求有足够的卫生资源满足国民的需要，病人在有需要时可便利地获得相应的服务；病人亲属体验维度则解决了以往缺少外部竞争、医护人员短缺导致的患者排队等候、服务质量不高、效率低下的问题；用"小处方"数量衡量卫生资源支出的合理性，减少大处方造成的卫生资源浪费和削弱大处方对消费者健康的损害。

在英国，卫生绩效主要由卫生部进行评估。但为了提高评估的质量，英国成立了一些独立机构，如国家临床质量管理研究所、健康促进委员会等，加强对 NHS 系统的管理、评价，从而改善服务质量。其中国家临床质量管理研究所是一个能够改善国家健康状况，为疾病治疗与预防提供建议的独立机构。健康促进委员会是一个独立监管国家卫生体系绩效的结构，其绩效评价范围包括急诊机构、专科医师、流动医疗、精神卫生保健机构和初级卫生医疗联合体，并且不断完善卫生绩效指标体系，为两院议员制定卫生优先发展目标提供参考。

三、澳大利亚卫生绩效评价框架

澳大利亚的卫生系统是以全民医疗照顾为特征的卫生体系，主要由药品补贴计划、非医院医疗卫生服务和公立医院的免费医疗服务三部分组成。联邦政府通过税收筹资的方式为大部分门诊服务提供资助，公立医院所需经费由联邦政府和州政府共同资助。为了控制卫生费用，联邦政府通过计算公式得出各州的预算拨款额度，并以"给定额度，超出自付，结余自用"的预算方式①激励州政府提高财政资金使用效率。

为了对澳大利亚卫生系统的绩效进行评价，20 世纪 90 年代中期，"卫生部长工作组"② 提出了一个连续的绩效评价框架，该框架是一个以医院服务测评指标为主的绩效评价框架，强调医疗服务的可及性、有效性、适宜性、病人满意度等。1999 年"国家卫生系统绩效委员会"（NHPC）成立，负责发展和完善国家卫生系统绩效评价框架，制定相应的绩效指标，新的绩效框架的评价领域从单纯的医院服务扩展到了社区卫生服务、全科服务和公共卫生服务等整个卫生系统。

该框架包括了健康状况和健康结果、影响健康的决定因素、卫生系统绩效三个层面。健康状况和结果反映的是整体健康状况、健康权是否平等、急需改善的问题等内容，包括健康情况、人体功能、期望寿命、健康和死亡情况四个方面。健康状况是对人现在健康情况的描述，包括发病率、损伤等其他与健康有关指标；人体功能则描述了肌体发生的变化情况

---

① DUCKETT S J. The Australian health care system ［M］. Oxford：Oxford University Press，2000.

② 该小组由联邦政府和州政府联合成立，得到联邦和州政府卫生部长的支持。

或功能的损害程度和活动受限的程度；期望寿命和健康采用个体生理和心理健康及其他的相关指标来表示，死亡情况则用不同年龄和特定情况下的死亡率表示。健康状况受环境因素、社会经济因素、社区能力因素、健康行为因素和与人有关的其他因素的影响，化学、水污染、教育、卫生经费、收入、人口密度、交通、饮食习惯、生理活动等都会影响人类的健康[①]。澳大利亚健康和卫生系统绩效指标评价框架见图4.2。

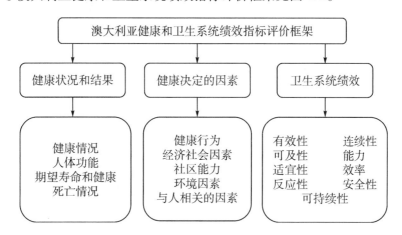

图4.2　澳大利亚健康和卫生系统绩效指标评价框架

卫生系统绩效为衡量卫生系统对澳大利亚人民健康状况改善程度、医疗服务质量提高程度提供了依据，分为有效性、适应性、效率、反应性等九个方面的内容，主要评价卫生系统是否达到了预期效果，是否适应了顾客的需要，是否提供了及时的、可及的、安全的医疗服务，是否具有可持续性。

澳大利亚健康和卫生系统绩效指标主要是依据卫生领域的初级卫生保健、人口健康项目、医疗服务和保健的连续性4个方面而制定的。

澳大利亚健康和卫生系统绩效指标充分考虑了患者的需求，体现了以病人为中心的服务理念，主要由衡量健康状况和结果，影响健康的决定因素，评价卫生系统反应性、适应性和持续性等指标共同组成。其中健康状况和结果主要用不同年龄段健康状况自评、自杀和自伤死亡情况、伤残调整期望寿命（DALE）、滥用毒品和酗酒所致的死亡率健康情况、损伤所致

---

① THE NATIONAL HEALTH PERFORMANCE COMMITTEE. National Health Performance Framework report［J］. Brisbane Queensland Health，2001.

的疾病负担（BOD）等来衡量；影响健康的决定因素的指标包括超重或肥胖人口的比例、工作场所禁烟措施、就业和失业性别差异、锻炼身体人员比例等；评价卫生系统反应性、适应性和持续性方面选用了12个月儿童安全免疫接种率和0~14岁儿童麻疹免疫接种告知率等9个指标。另外，设计了反映安全性和可及性的指标，如市场上撤消或要求改进的产品的数量，每个地区每年全科医生对每一个病人所提供的服务的数量；设计了反映医疗服务效率的指标，如急诊候诊时间、平均住院日；设计了反映保健的连续性的指标，如家庭与社区保健提供的服务时间比等。

四、世界卫生组织卫生绩效评价框架

在各个国家关注卫生系统绩效的同时，世界卫生组织（WHO）、经济合作与发展组织（OECD）和国际复兴开发银行（IBRD）等一些世界性组织对卫生绩效的研究投入很多精力。2000年6月世界卫生组织大会发布的《2000年世界卫生报告》提出了一个新的卫生绩效评估框架，并对卫生系统重新进行了定义，发布了各个国家卫生系统绩效指标和排名。

WHO认为，良好的卫生系统通常有三个目标：一是促进健康改善，通常采用健康期望寿命、健康状况分布公平状况等指标衡量健康改善；二是增强反应能力，反应性衡量指标主要有尊重个人尊严（隐私、自主权等）和以服务对象为中心（如及时关注、基本设施的质量等）；三是筹资负担公平性，强调依据支付能力承担医疗费用，确保社会所有人都能支付得起，不至于因支付医疗费用而陷入贫困。WHO认为卫生绩效是指卫生系统三个目标的完成情况。WHO用"总体健康水平、人口的健康分布、满足需求的总体水平、满足需求的分配状况、财政支出的分布情况"①5个方面的指标来衡量卫生系统的整体绩效，将这5项指标按一定的权重进行加总，可得到一个国家卫生系统的绩效（见表4.3）。总体健康水平和满足需求的总体水平指标反映了卫生系统绩效的质量，人口的健康分布、满足需求的分配状况和财政支出的分布情况指标反映了卫生系统绩效的公平。这个指标体系体现了卫生系统质量、公平和效率的统一，为评价一个国家卫生系统的绩效提供了一个分析工具。

---

① 世界卫生组织. 2000年世界卫生报告 [M]. 王汝宽，译. 北京：人民卫生出版社，2000: 25.

表 4.3　WHO 卫生系统绩效评价框架

卫生系统目标			
	水平	分布	
健康状况	√	√	效
反应性	√	√	
费用负担的公平性		√	率
	质量	公平	

资料来源：根据《2000 年世界卫生组织报告》整理。

实践中 WHO 用 8 个关键指标来描述卫生体系成就和效能（见表4.4）。从表4.4 中可以看到，评价达标成就和运行效能的指标：卫生水平（伤残调整预期寿命）、卫生分布（以儿童存活表示）、反应性水平、反应性分布、资金捐助公平性、按健康水平评估和卫生系统整体效能等。根据这个评价表，我们可以对世界上每一个国家的卫生系统绩效进行评价并排序。

表 4.4　卫生系统成就和效能评级表

达标成就							效能	
卫生		反应性		资金捐助公平性	整体达标成就	人均卫生支出	按健康水平评估	卫生系统整体效能
水平（残疾调整预期寿命）	分布	水平	分布					

资料来源：根据《2000 年世界卫生组织报告》整理。

WHO 用残疾调整预期寿命（DALE）表示人口平均健康水平方面的成就，这个指标是在每一个国家的寿命表、评价躯体残疾、认知障碍和一般健康状况的人口代表性抽样调查，以及每个国家主要残疾状况的流行病学信息的基础上计算得到。

对健康分布成就评估是以 WHO 评估健康不同等性的框架为基础进行的①，采用儿童存活同等性指数衡量，它所依据的是整个国家儿童存活的

---

① GAKIDOU E E, MURRAY C J L, FRENK J. Defining and measuring health inequality: an approach based on the distribution of health expectancy [J]. Bulletin of the World Health Organazation, 2000, 78 (1): 42-54.

分布，并利用了人口统计和健康状况调查中关于完整分娩史记录的易于获得和范围广泛的信息，以及小地区有关儿童死亡率的生命登记数据资料计算得到。计算公式如下：

$$Y = \left[1 - \sum_{i=1}^{n} \sum_{j}^{n} |x_i - x_j|^3 / 2n^2 \bar{x}^{0.5} \right]$$ （式4.1）

其中，x 是给定儿童存活的时间，$\bar{x}$ 是平均存活时间。

衡量反应水平依据的是对被选国家中将近 2 000 个关键信息员的一次调查。关键信息员对反应水平的 7 个因素进行打分（0~10）。每个因素的打分结合起来就成为一个以卫生系统效能评价的偏好调查结果为基础的关于反应情况的合成分数。

卫生经费资助的公平性。家庭全部卫生支出包括通过所得税、增值税、消费税、社会保险捐助、私人自愿保险和现金支付对卫生系统资金的花费。家庭的资金捐助①分布公平性由一个指数表示，指数在 0~1，计算公式如下：

$$Y = \left[1 - 4 \sum_{i=1}^{n} |C_{hi} - \bar{C}_h|^3 / 0.125n \right]$$ （式4.2）

其中，C_{hi} 是某一个给定家庭的资金捐助，$\bar{C}_h$ 是家庭间平均资金捐助。1 表示完全相等的家庭捐助，0 表示比被研究的国家中不同等程度最高国家的同等程度更低的同等程度。

卫生系统的整体业绩，是在对 100 多个国家的 1 000 多个公共卫生从业者调查的基础上，对反映卫生水平、卫生分布、反应性水平、反应性分布和资金捐助公平性成就的指标进行合成，而达到的一个指标值，这个指标值在 0~100。5 种要素权重分别是卫生水平（25%）、卫生分布（25%）、反应性水平（12.5%）、反应性分布（12.5%）和资金捐助公平性（25%）。

按照卫生水平评价的效能指数说明，正如残疾调整期望寿命所衡量的，卫生系统将支出转化为健康效能。卫生水平评价的效能定义为卫生成就水平与最高效的卫生系统能达到的卫生水平的比率。分子是一个国家被观察到的残疾调整期望寿命和在一个缺乏起作用的现代卫生系统、以教育为代表的其他影响卫生系统的非卫生系统起作用的系统中观察到的残疾调整期望寿命的差值。分母是在被观察的每一个国家的人均卫生支出水平可

---

① 一个家庭的卫生捐助定义为家庭全部卫生支出对它的固定维持生活以外收入的比率。

能达到的最长残疾调整期望寿命和缺乏起作用的卫生系统情况下的残疾调整期望寿命之间的差值。

五、国际卫生绩效评价框架的启示

(一) 注重公平和服务质量

卫生系统绩效的改善将极大地提高公民的健康水平，节约有限的公共资源。一个卫生系统如果只把其服务对象限定于某一些特定的人群，就会失去公平性，最好的选择是在保持公平和效率兼顾的情况下提高卫生服务质量。

从英国、美国等发达国家和世界卫生组织的绩效评价实践不难看出，虽然各个国家都不尽相同，但是指标设计都体现了寻求公平、效率、效果和服务质量的统一。根据世界卫生组织 2000 年的评价，对比美国和澳大利亚几个指标可以看出：在反映不同人群健康水平的卫生分布方面，美国排在第 32 位，澳大利亚排在第 17 位；在卫生系统整体绩效方面，美国排在第 37 位，澳大利亚排在第 32 位。

为了评价公平性，这些国家成立了专门的研究机构。比如，英国的健康发展机构对英国卫生的不公性进行研究，对卫生不公平的概念进行了界定，提出了评价框架及相关政策。1998 年布莱尔发布的 *Our Healthier Nation：A Contract for Health* 提出了促进健康、降低不平等的 37 项具体措施。美国则在 1980 年发布了第一个国家卫生 10 年目标《健康促进、疾病预防：国家的目标》，以后每 10 年修订一次，并把绩效的评价从单纯的健康质量结果扩大到健康过程，把居民生活质量和公平性等列入其中。

在评价指标的设置上，英国、澳大利亚、世界卫生组织都把公平、效率服务质量作为重要维度来衡量。比如，这些框架设置了反映卫生服务的可及性指标、反映病人等待时间的指标、反映筹资公平的性指标等，无不渗透着公平效率的内涵，不仅体现了卫生机构的经济价值，更体现了其政治、伦理和生态价值取向。

(二) 体现以病人为本的思想

建立卫生体制的首要目标就是通过提供卫生服务改善人民的健康水平。与一般服务对象不同，卫生系统有着特殊的社会服务对象——病人。在对病人进行治疗的过程中，我们要时刻注意病人的需要，充分考虑与尊重病人的尊严。

从国际上的经验来看，无论是世界卫生组织还是几个发达国家，在进行绩效评价时都考虑到了病人的感受。在他们的指标体系里都有反映尊严的指标。比如，世界卫生组织用尊严、自主和保密3个指标反映对病人的尊重，用即时注意、基本舒适度、保健期间社会支持网络的可用性以及对保健提供者的选择4个指标体现顾客导向；澳大利亚用0~14岁儿童麻疹免疫接种告知率、12个月儿童安全免疫接种率、从市场上撤消或要求改进的产品（包括药品和医疗服务）的数量等指标在安全性、适应性多方面体现以病人为本；美国也采用类似的指标，通过医生是否从来或者偶尔听取患者（成人、小孩）意见、解释疑惑的比例等体现对病人的尊重。

（三）评估主体多元化

在2000年以前，卫生系统的绩效评估主要是由政府主导、支持和组织，各个卫生专业协会负责具体操作，而且大多在政府的强烈要求下被动评价。2000年以后，一些专业的团体开始提出自己的绩效评价体系；政府也开始购买或者采用行业协会的绩效评价方案，并将其作为政府制定相关政策的重要依据。这实现了从单一评价主体向多元评价主体的转化。为了提高评审的科学性和合理性，综合多数人的意见，各个国家的评审团体由众多专业背景的人员组成，从单一的卫生系统人员评价转向具有各个专业背景人员组成的复合型评价。例如，美国医疗机构联合评审委员会不仅包括医学专业人员，同时吸纳了律师、法学专家、大学校长、基金会主席、社会知名人士等共同参与评审工作。

英国在进行绩效评价时，各级卫生保健机构、医疗机构联合体，以及地方机构都可以参与绩效评价。一些独立机构也可参与，如国家临床质量研究所、健康促进委员会，来加强对NHS系统的管理、评价和改善服务质量。澳大利亚也建立了由经验丰富的医学专业人员组成独立于政府的国家临床研究所，与临床医生合作，致力于减少或弥补医疗卫生服务提供过程中证据与实践之间的差距，提供有效地实施改善医疗卫生服务策略的证据。

（四）良好的法律环境

完善的法律环境和专门的评价机构是改善绩效的有效保证。各国绩效评价能够取得成功与其所具有的完善法律环境、评估的制度化和法制化不无关系，主要表现在立法支持、权威评价机构的设置和具体评价框架、计划的完善。

国外的绩效评价十分重视法律保障，各国纷纷制定法律，为政府开展绩效评价保驾护航。1993年美国国会就通过了政府绩效评价方面的法律——《政府绩效与成果法案》[①]，使美国政府绩效评估和管理走上了法制化轨道；英国1997年颁布的《地方政府法》创造了最佳评价制度，改革了地方财政；1989年以来新西兰相继出台的《公共财政法》和《财政责任法》等也都为各自国家的绩效评价提供了有力的法律保障。

为了保证绩效评价的顺利推进，除了立法上给予支持外，很多国家也制订了相应的计划、框架以及指南等确保绩效评价顺利开展。例如，英国在1991年以后相继开展公民宪章运动（1991年），颁布了《政府现代化》白皮书（1993年）、《绩效审计指南》和《绩效审计手册》（1997年）等一系列指南，构建了英国绩效评价框架和指标体系；加拿大政府在20世纪90年代以后颁布《绩效审计指南》《绩效审计法》，加强对绩效评价的指导；澳大利亚通过《财务管理改进计划》《项目管理预算》等，支持公共支出绩效评价。不仅如此，各国也都建立了专门的绩效评价机构，如美国的国家绩效评审委员会（NPR）及管理与预算局、英国的执行局、荷兰的特别行动管理局和丹麦的契约局等。在良好法律环境的支持下，发达国家卫生系统绩效工作取得了很好的成绩，提高了资金效率，公民健康状况得到改善。

第二节　灰色约束锥 DEA 模型构建

一、DEA 模型

数据包络分析，是美国著名运筹学家查尼斯（A Charnes）等人于1978年提出的，主要用于评价同类部门或单位间的相对有效性。利用DEA的基本理论，输入和输出数据，建立DEA模型，可以进行经济分析和效率评价。C^2R模型是DEA的基本模型，以后的DEA都是在这个模型的基础上发展起来的，它包含了DEA的基本思想。

假设有 n 个从事同一生产活动的决策单位 $DMU_i(i = 1, 2, \cdots, n)$，

---

① 包国宪，鲍静. 政府绩效评价与行政管理体制改革 [M]. 北京：中国社会科学出版社，2008：6.

每一个决策单元需要投入的要素有 m 种，得到的产出有 s 种，分别记第 i 个决策单位的投入向量和产出向量为 X_i 和 Y_i，即 $X_i = (x_{1i}, x_{2i}, \cdots, x_{mi})^T$ 和 $Y_i = (y_{1i}, y_{2i}, \cdots, y_{si})^T$，$x_{ji}$ 表示第 i 个决策单元投入第 j $(j = 1, 2, \cdots, m)$ 种要素总量，y_{ri} 表示第 i 个决策单元的第 r $(r = 1, 2, \cdots, s)$ 种产出总量。

从生产过程来看，投入意味着资源的消耗，因此在产出一定的情况下，$X_i = (x_{1i}, x_{2i}, \cdots, x_{mi})^T$ 越少，表示效率越高，产出则是投入结果的表现，因此在投入一定的条件下，$Y_i = (y_{1i}, y_{2i}, \cdots, y_{si})^T$ 越多，效率越高。如果我们记 $v = (v_1, v_2, \cdots, v_m)^T$ 和 $u = (u_1, u_2, \cdots, u_m)^T$ 分别为 m 种投入要素和 s 种产出的权向量，那么决策单元 DMU_i 的效率评价指数如下：

$$h_i = \frac{u^T Y_i}{v^T X_i}, \ i = 1, 2, \cdots, n; \quad v \in E^m, \quad u \in E^s \qquad （式4.3）$$

效率评价指数的含义表明了在选定的权系数向量的条件下，投入和产出的比值。因此，适当的选择权重就显得尤为重要。

要得到一个决策单元的效率评价，我们可以通过线性规划来解决。记要评价的决策单元 DMU_{i0} 为 DMU_0，投入为 X_0，产出为 Y_0，则可以构造一个线性规划 P：

$$(P) \begin{cases} \max \mu^T Y_0 = V_P \\ \text{s. t.} \ \omega^T X_i - \mu^T Y_i \geq 0, \quad i = 1, 2, \cdots, n \\ \omega^T X_0 = 1 \\ \omega^T \geq 0, \ \mu^T \geq 0 \end{cases} \qquad （式4.4）$$

如果以上的线型规划有可行解，并且最优解满足 $V_D = V_P$，得到 DEA 有效性的判断方法：如果规划 P 的最优解 ω^0 和 μ^0 满足 $\mu^{0T} Y_0 = V_P = 1$，那么 DMU_{i0} 为弱 DEA 有效；如果规划 P 的最优解 ω^0 和 μ^0 满足 $\mu^{0T} Y_0 = V_P = 1$，且 $\omega^0 > 0$，$\mu^0 > 0$，那么 DMU_{i0} 为 DEA 有效[①]。

由于 DEA 模型在进行相对有效性评价时包含的对输入和输出指标的权重等同性的假设，与实际情况并不相符合，因此需要对输入和输出的指标权重进行限制，以体现决策的科学性。典型的约束方法模型有 C^2WH 模型、带有 AHP 约束锥的 DEA 模型、基于 Campos 指数的模糊 DEA 模型等。

---

① 魏权龄，岳明. DEA 概论与 C^2R 模型：数据包络分析（一）[J]. 系统工程理论与实践，1989（1）：58-69.

AHP 约束锥的 DEA 模型实用性、灵活性强，能进行定性和定量分析，步骤简单，容易掌握。基于 Campos 指数的模糊 DEA 模型，解释了决策单元相对于生产前沿面的偏离不仅受到确定性因素的影响，还受到非确定性因素影响。但是 AHP 约束锥的 DEA 模型会遇到标度评价的同一性问题，基于 Campos 指数的模糊 DEA 模型的准确性依赖于决策者的知识、经验和掌握的信息，有可能提高决策的盲目性等。

在寻求 DEA 模型权重的过程中，本质上多采用主观的赋权方法。这样做虽然可以解决指标间的非等同性问题，但是也使得 DEA 的客观性遭到破坏。因此，需要找到一种客观地选择指标权重的方法，使得 DEA 在客观赋权的前提下进行有效性评价。灰色关联分析的基本原理为我们构建一个基于灰色约束锥的 DEA 模型提供了依据。要进行财政卫生支出绩效评价的灰色约束锥的 DEA 模型构建，首先要选择灰色关联度，构建一个关联约束锥，然后再用线性规划的原理进行模型构建。

二、灰色关联分析原理

邓聚龙（1982）在《灰色系统的控制问题》和《灰色控制系统》中提出了灰色理论，灰色理论以"部分信息已知，部分信息未知"的小样本，"贫信息不确定性"系统为研究对象，通过对已有信息的生成开发，提取有价值的信息，实现对系统行为规律的认识[1]。

在经济学领域，信息不完全是普遍存在的现象，完全的信息只是理想中的模式。比如价格体系的调整或改革，常常因为缺乏民众心理承受的信息，以及某些商品价格的变动对其他商品影响的确切信息而举步维艰；在证券市场上，即使最高明的分析人员也难以把握金融政策、利率、企业改革、政治风云和国际市场的变化对市场的影响；在医疗卫生领域，灰色信息更是常态，医疗卫生是一个有着特殊技术的行业，一般人没有那种技术，在医生出于私利的情况下，很有可能出现过度需求和诱导需求。我们生活在社会系统、经济系统、农业系统和卫生系统等组成的世界里。我们要评价的对象——财政医疗卫生支出是里面的一个小的子系统，如果要用数理统计中的回归、方差、主成分分析方法进行计算，一般都需要大量的数据，如果数据不足，就会导致结果与实际不相符，难以发现真正规律，

---

① 刘思峰. 灰色系统理论及其应用 [M]. 北京：科学出版社，2008：2.

而且还要受到数据要服从某一典型分布的限制。

灰色关联分析的基本思想就是根据事物或因素的时间序列曲线几何形状的相似程度来判定它们之间的关联度，如果曲线接近，形状类似，则相应序列的关联度就大，在系统影响因素中所获的权重也越大；反之，关联度越小，权重也越小。所以关联分析实质上是"基于行为因子序列的微观或宏观几何接近，以分析和确定因子间的影响程度或因子对行为的贡献测度而进行的一种分析方法。其主要目的是对态势发展变化的分析，也就是对系统动态发展过程的量化分析"①。通过图 4.3，我们可以看出灰色关联的基本思想。

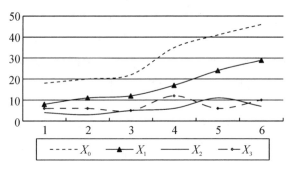

图 4.3 X_0 和 X_1、X_2、X_3 关联度比较

假定有 4 个序列 X_0、X_1、X_2 和 X_3，要判断 X_1、X_2 和 X_3 这 3 个序列与 X_0 的相似程度。

其中：

$$X_0 = (18, 20, 22, 35, 41, 46)^T$$
$$X_1 = (8, 11, 12, 17, 24, 29)^T$$
$$X_2 = (4, 3, 5, 6, 11, 17)^T$$
$$X_3 = (6, 6, 5, 12, 6, 10)^T$$

从曲线的发展趋势可以看出，X_0 和 X_1 非常相似，X_0 与 X_2 和 X_3 的差别比较大，因此 X_0 和 X_1 的关联度大于 X_0 与 X_2 和 X_3 的关联度，如果把 X_1、X_2 和 X_3 作为影响 X_0 的因素进行分析，X_1 无疑是所有因素里面最重要的，进行赋权的话也是最重的。用这种方法度量因素之间关联度，不容易受评判人员主观的影响，因此，运用灰色关联确定的 DEA 权重能够相对客观地反映

① 李学全，李松仁，韩旭里. 灰色系统理论研究：灰色关联度 [J]. 系统理论工程与实践，1995 (11)：91-95.

指标之间的内在结构关系。

灰色关联度的分析不仅比较序列在数值上对参考数列的贡献，而且更为重要的是动态地从各个比较数列的发展趋势上做了比较。

三、灰色约束锥的 DEA 模型

灰色关联分析是通过灰色关联度来实现的，灰色关联度是描述系统因素间的关系密切程度和系统变化态势的度量，这种量主要体现在二者间大小变化和发展趋势的相似性。从灰色理论发展到现在，关于灰色关联度的计算法不断完善和改进，不同的学者提出了不同的计算方法，也得到了许多的关联度，比较典型的有邓氏关联度、绝对关联度、斜率关联度、T 型关联度和改进关联度等。

假设系统特征序列为 $X_0 = (x_0(1)，x_0(2)，\cdots，x_0(n))$。

相关因素序列为 $X_i = (x_i(1)，x_i(2)，\cdots，x_i(n))(i = 1，2，\cdots，m)$。

邓氏关联度是最早提出的关联度模型，体现了灰色理论最基本的特征，重点讨论了点点之间的距离对灰色关联度的影响。如果对任意一个 $\beta \in [0，1]$，那么 $\gamma(x_0(k)，x_i(k))$ 是比较序列 X_i 对于参考序列 X_0 在第 k 点的灰色关联系数：

$$
\begin{aligned}
&\gamma(x_0(k)，x_i(k)) \\
&= \frac{\min\limits_i \min\limits_k \{|X_0(k) - X_i(k)|\} + \beta \max\limits_i \max\limits_k \{|X_0(k) - X_i(k)|\}}{\{|X_0(k) - X_i(k)|\} + \beta \max\limits_i \max\limits_k \{|X_0(k) - X_i(k)|\}} \\
&= \frac{\min\limits_i \min\limits_k \Delta_{0i}(k) + \beta \max\limits_i \max\limits_k \Delta_{0i}(k)}{\Delta_{0i}(k) + \beta \max\limits_i \max\limits_k \Delta_{0i}(k)}
\end{aligned}
$$

$\gamma(X_0，X_i)$ 为 X_i 对 X_0 的灰色关联度：

$$
\gamma(X_0，X_i) = \frac{1}{n} \sum_{k=1}^{n} \gamma(x_0(k)，x_i(k)) \qquad (\text{式}4.5)
$$

其中，β 为分辨系数，$\gamma(x_0(k)，x_i(k))$ 的大小和区间可以由分辨系数调节，$\gamma(x_0(k)，x_i(k))$ 的下界随 β 的增大而增大，随着下界的增大，分辨率将会变低，分辨效果下降，一般地，取 $\beta = 0.5$，就可以得到满意的分辨率。如果分辨系数趋向于无穷时，所有的 $\gamma(x_0(k)，x_i(k))$ 趋向于 1，灰色关联系数成为一个点，灰色关联分析也将无法进行[1]。

---

[1] 吕锋. 灰色系统关联度之分辨系统的研究 [J]. 系统工程理论与实践，1997 (6)：49-54.

之所以选择邓氏关联度来构建灰色关联约束锥，是因为计算量小，算法成熟，离散度较小，与实际应用情况结合得好，而且邓氏关联度也最能体现灰色理论的基本思想。

选定了邓氏灰色关联度，首先就要构建一个邓氏灰色约束锥。然后再与 C^2WH 结合，从而构建 DEA 模型。

假设有 n 个决策单元 $DMU_i(i = 1, 2, \cdots n)$，每个决策单元都有 m 种类型的输入和 s 种类型的输出，第 i 个决策单元的输入和输出向量分别是 X_i 和 Y_i，$X_i = (x_{1i}, x_{2i}, \cdots x_{mi})^T$ 和产出向量 $Y_i = (y_{1i}, y_{2i}, \cdots y_{si})^T$；$x_{ji}$ 表示第 i 个决策单元输入第 $j(j = 1, 2, \cdots, m)$ 种要素总量，y_{ri} 表示第 i 个决策单元的第 $r(r = 1, 2, \cdots, s)$ 种产出总量。$v = (v_1, v_2, \cdots, v_m)^T$ 和 $u = (u_1, u_2, \cdots, u_s)^T$ 分别为 m 种投入要素和 s 种产出的权向量，并且为变量。

在进行 DEA 评价时需要计算投入和输出的指标的权重。根据邓氏灰色关联度的计算方法，我们来构建灰色关联约束锥。假设有投入和产出的参考因素序列 $X_0 = (x_{10}, x_{20}, \cdots x_{m0})^T$，产出的参考因素序列 $Y_0 = (y_{10}, y_{20}, \cdots y_{s0})^T$，比较因素序列第 i 个决策单元的投入 $X_i = (x_{1i}, x_{2i}, \cdots x_{mi})^T$ 和产出 $Y_i = (y_{1i}, y_{2i}, \cdots y_{si})^T$。要想计算灰色关联度，首先对参考因素序列 X_0 和 Y_0，相关因素 X_i 和 Y_i 进行均值化，得到一个新的序列（原序列的初值像）：

$$X'_0 = \frac{X_0}{x_{10}} = (x'_{10}, x'_{20}, \cdots x'_{m0})^T$$

$$Y'_0 = \frac{Y_0}{y_{10}} = (y'_{10}, y'_{20}, \cdots, x'_{s0})^T$$

$$X'_i = \frac{X_i}{x_{1i}} = (x'_{1i}, x'_{2i}, \cdots x'_{mi})^T \quad i = 1, 2, \cdots n$$

$$Y'_i = \frac{Y_i}{y_{1i}} = (y'_{1i}, y'_{2i}, \cdots y'_{si})^T \quad i = 1, 2, \cdots n$$

由此可以得到投入和产出参考因素序列和比较序列的初值像序列的绝对差序列为 $\Delta_i(X)$ 和 $\Delta_i(Y)$：

$$\Delta_i(X) = (|x'_{10} - x'_{1i}|, |x'_{20} - x'_{2i}|, \cdots, |x'_{m0} - x'_{mi}|) \quad i = 1, 2, \cdots, n$$

$$\Delta_i(Y) = (|y'_{10} - y'_{1i}|, |y'_{20} - y'_{2i}|, \cdots, |y'_{s0} - y'_{si}|) \quad i = 1, 2, \cdots, n$$

相应地有两极最大差和最小差 $\Delta\min(X)$ 和 $\Delta\max(X)$，$\Delta\min(Y)$ 和

$\Delta\max(Y)$，其中：

$$\Delta\min(X) = \min_j\min_i\{\Delta_{ji}(X)\}, \Delta\max(X) = \max_j\max_i\{\Delta_{ji}(X)\} \quad j = 1,2,\cdots,m$$

$$\Delta\min(Y) = \min_r\min_i\{\Delta_{ri}(Y)\}, \Delta\max(Y) = \max_r\max_i\{\Delta_{ri}(Y)\} \quad r = 1,2,\cdots,s$$

因此，X_i 对 X_0 的关联系数 $\gamma(x_{j0}, x_{ji})$ 和 Y_i 对 Y_0 的关联系数 $\gamma(y_{j0}, y_{ji})$ 如下：

$$\gamma(x_{j0}, x_{ji}) = \frac{\Delta\min(X) + \rho\Delta\max(X)}{\Delta_i(X) + \rho\Delta\max(X)} \quad \rho \in (0,1); j = 1,2,\cdots m; i = 1,2, \cdots, n$$

$$\gamma(y_{r0}, y_{ri}) = \frac{\Delta\min(Y) + \zeta\Delta\max(Y)}{\Delta_{ri}(Y) + \zeta\Delta\max(Y)} \quad \zeta \in (0,1) \quad r = 1,2,\cdots,s; i = 1,2, \cdots, n$$

相应地 X_i 对 X_0 和 Y_i 对 Y_0 的灰色关联度如下：

$$\gamma_j = \gamma(X_0, X_i) = \frac{1}{n}\sum_{i=1}^n \gamma(x_{j0}, x_{ji}) \quad j = 1,2,\cdots,m; i = 1,2,\cdots,n$$

$$\gamma_r = \gamma(Y_0, Y_i) = \frac{1}{n}\sum_{i=1}^n \gamma(y_{r0}, y_{ri}) \quad r = 1,2,\cdots,s; i = 1,2,\cdots n$$

根据上面的灰色关联系数，我们可以得到输入数据 x_{ji} 和输出数据 y_{ri} 的灰色关联矩阵：

$$F_X = \begin{bmatrix} \gamma_{11} & \gamma_{21} & \cdots & \gamma_{m1} \\ \gamma_{12} & \gamma_{22} & \cdots & \gamma_{m2} \\ \cdots & \cdots & \cdots & \cdots \\ \gamma_{1n} & \gamma_{2n} & \cdots & \gamma_{mn} \end{bmatrix}^T \qquad F_Y = \begin{bmatrix} \gamma_{11} & \gamma_{21} & \cdots & \gamma_{s1} \\ \gamma_{12} & \gamma_{22} & \cdots & \gamma_{s2} \\ \cdots & \cdots & \cdots & \cdots \\ \gamma_{1n} & \gamma_{2n} & \cdots & \gamma_{sn} \end{bmatrix}^T$$

实际上，$(\gamma_{j1} \quad \gamma_{j2} \quad \cdots \gamma_{jn})^T$ 是 n 个决策单元的第 j 个指标以 X'_{j0} 为参考因素序列，以 X'_{ji} 为比较因素序列的灰色关联度，反映了每一个决策单元的第 j 个实际值与理想值的关联程度，因此它的平均值 $\gamma_j = \sum_{i=1}^n \gamma_{ji}/n$，就表明了第 j 类指标在整个指标空间所占比重，将 γ_j 归一化处理，可以得到输入指标权重 $w_j = \gamma_j/\sum_{j=1}^m \gamma_j$。同理也可以得到输出均值 $w_r = \frac{1}{n}\sum_{i=1}^n \gamma_{ji}$ 和各因素权重 $w_r = \gamma_r/\sum_{r=1}^s \gamma_r$。但是这是归一后的权重，而在 DEA 模型里权重没有归一化。因此写成比例的形式 $w_j = v_j/\sum_{j=1}^m v_j w_r = u_r/\sum_{r=1}^m u_r$，$v$ 和 u 表示输入和输

出的权重，然后可以把比例式改写成线形，并令输入和输出权重系数矩阵分别为 A、B，由 $Av \geqslant 0$，$v = (v_1, v_2, \cdots v_m) \geqslant 0$ 以及 $B\mu \geqslant 0$，$u = (u_1, u_2, \cdots, u_s) \geqslant 0$ 构成灰色关联闭凸锥。

根据 C^2WH 模型，构建带有灰色约束锥的 DEA 模型如下：

$$\begin{cases} \max(\mu^T Y_0 + \mu_0 L) \\ \text{s. t.} \quad (v^T X_j - \mu^T Y_j - \mu_0 L) \in k \\ v^T X_0 = 1 \\ v \in V, \ u \in U, \ j = 1, 2, \cdots, n \end{cases} \qquad (\text{式 4.6})$$

其中，$L = 0$ 为 C^2R 模型，$L = 1$ 为 C^2GS^2 模型，X_j 和 Y_j 分别为输入和输出指标矩阵；m、n、s 分别为单元数、输入维数、输出维数；$V \subset E_n^+$ 为闭凸锥，称输入锥，$\text{int} V \neq \varnothing$；$E_m^+$，$E_n^+$，$E_s^+$ 分别表示 m，n，s 为正向量空间，且有 $V = \{v \mid v \geqslant 0\}$，$U = \{u \mid Bu \geqslant 0\}$，$K = \{k \mid Rk \geqslant 0\}$，$A$，$B$，$R$ 分别为 $m \times m$，$s \times s$，$n \times n$ 方阵。上述模型就是带有灰色约束锥的 DEA 模型。

其对偶模型如下：

$$\begin{cases} \min \theta \\ \text{s. t.} \quad \sum_{j=1}^{n} \lambda_j X_j - \theta X_0 \in V^* \\ \quad - \sum_{i=1}^{n} \lambda_j Y_j + Y_0 \in U^* \\ L \sum_{i=1}^{n} \lambda_j = L \\ \lambda = (\lambda_{1,} \lambda_2, \cdots, \lambda_n)^T \in -K^* \end{cases} \qquad (\text{式 4.7})$$

其中，$V^* = \{A^T v \mid v \leqslant 0\}$，$U^* = \{B^T u \mid \leqslant 0\}$，$K^* = \{R^T k \mid \leqslant 0\}$ 分别为 V，U，K 的导锥。$L = 0$ 或者 $L = 1$。

这个带有灰色约束锥的 DEA 就是我们对财政医疗卫生支出开展有效性评价的理论模型，以后的章节将会根据实际的数据，对模型进行检验并对财政医疗卫生支出绩效进行实证分析。

第三节 财政医疗卫生支出绩效评价框架设计

一、财政医疗卫生投入和产出分析

（一）投入分析

财政医疗卫生支出主要是投向卫生健康管理事务，公立医院、基层医疗卫生机构的建设和运行，公共卫生、中医药和计划生育事务推进，补助基本医疗保险基金、医疗救助对象、优抚对象，医疗保障管理事务、老龄卫生健康事务和其他卫生健康等。公立医院，包括了综合医院、中医（民族）医院、传染病医院、精神病医院、妇幼保健医院、儿童医院、福利医院和康复医院等。基层医疗卫生机构，包括了城市社区卫生机构、乡镇卫生院和其他基层医疗卫生机构。公共卫生，包括了疾病预防控制机构、卫生监督机构、妇幼保健机构、精神卫生机构、应急救治机构、采供血机构、其他专业公共卫生机构，以及基本公共卫生服务、重大公共卫生服务和突发公共卫生事件应急处理等。财政对基本医疗保险基金的补助包括财政对职工基本医疗保险基金的补助、财政对城乡居民基本医疗保险基金的补助、财政对其他基本医疗保险基金的补助。医疗救助包括了城乡医疗救助、疾病应急救助和其他医疗救助①。

财政农村医疗卫生投入由基本补助经费、农村卫生专项经费、新型农村合作医疗政府补助和农村其他卫生事业补助四部分组成②。其中，基本补助经费是向农村各类医疗卫生机构提供的经常性财政预算补助，包括县医院、县中医院和乡镇卫生院的差额补助，以及县防治防疫机构、县妇幼保健机构、县卫生监督机构、县卫生进修学校和其他卫生机构的预算补助。专项补助经费是为了农村卫生发展建设的投资性补助和其他专项补助，包括县医院、县中医院、乡镇卫生院的设备购置拨款、房屋设备维修拨款，社会医疗欠费拨款，用于农村地区公共卫生各类专项资金和其他拨款。新型农村合作医疗政府补助是以参保人群数量为基础，对当地新型农村合作医疗制度所给予的财政资助。农村其他的补助是由发展和改革委员

---

① 财政部. 2023 年政府收支分类科目 [M]. 上海：立信会计出版社，2022：70-72.
② 张振忠. 中国卫生费用核算研究报告 [M]. 北京：人民卫生出版社，2009：54.

会、民政部、农业部、爱国卫生运动委员会、残疾人联合会等相关部门针对农村重点卫生问题，筹集和资助的卫生专项拨款，主要是用于农村基本建设投资（农村三项建设）、计划生育、卫生扶贫、饮用水改水、食用碘盐发放和残联农村康复等。其中，农村卫生三项建设费由发展和改革委员会下拨，用于加强农村卫生服务提供能力。农村卫生扶贫济困资金由国家财政扶贫资金支出，主要用于农村卫生的扶贫济困，包括农村特困医疗救助资金。残联农村卫生康复投入则是由残疾人联合会向卫生领域投入的一定规模资金，用于农村残疾人肢体康复、残疾儿童的眼睛复明工程、碘缺乏病人的碘丸服用等项目。不过，我国城乡卫生费用的核算只有1990—2016年的数据，从2017年之后不再公布城乡卫生费用数据。

（二）产出分析

财政医疗卫生投入的产出，可以分成直接产出和间接产出（见图4.4）。直接产出就是各种医疗机构的固定资产，包括人力资源和物质资源，如医院、卫生防疫机构、卫生院、卫生医疗服务人员，以及医疗机构的固定资产；间接产出就是居民医疗服务的可及性，如婴儿死亡率、孕产妇死亡率、期望寿命等健康指标。

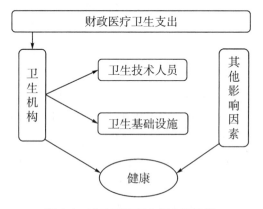

图4.4　财政医疗卫生投入和产出

政府财政资金投入以后并不直接地对居民的健康产生影响，需要借助医疗卫生机构提供服务，改善居民的健康状况。从这个意义上说，政府、医疗机构、居民之间具有委托代理关系。居民把公共权力委托给政府，政府又把提供医疗服务权力委托给医疗机构，由各个机构提供医疗服务。

医疗机构是开展医疗服务的基本场所，如果没有足够的医疗卫生机构，我们将难以提供有效的医疗服务，特别是在广大农村地区，建立分布合理的医疗机构网点是体现国民医疗服务可及性的重要表现。《2022年中国卫生健康统计年鉴》显示，截至2021年年末，全国医疗卫生机构总数1 030 935个。其中，医院36 570个，基层医疗卫生机构977 790个，专业公共卫生机构13 276个，全国共设置10个类别的国家医学中心和儿童类别的国家区域医疗中心。医院中，公立医院11 804个，三级医院3 275个（其中三级甲等医院1 651个）。基层医疗卫生机构中，社区卫生服务中心（站）36 160个（其中，社区卫生服务中心10 122个，社区卫生服务站26 038个），乡镇卫生院34 943个，诊所和医务室271 056个，村卫生室599 292个。全国医疗卫生机构床位944.8万张，其中，医院741.3万张（占比78.5%），基层医疗卫生机构171.2万张（占比18.1%），专业公共卫生机构30.2万张（占比3.2%）。医院中，公立医院床位占比70.2%，民营医院床位占比29.8%。2021年总诊疗量中，医院诊疗量38.8亿人次（占比45.8%），基层医疗卫生机构诊疗量42.5亿人次（占比50.2%）。

医疗机构只是提供了一个硬件平台，还需要大量的医疗服务人员利用这个平台及其设备进行医疗服务。新中国成立之初，农村卫生工作所取得的巨大成就和大量的赤脚医生不无关系。高素质的医疗服务人员是提供高质量的医疗服务的基础。《2022年中国卫生健康统计年鉴》显示，截至2021年年末，全国有卫生技术人员1 124.2万人。其中，执业（助理）医师428.7万人，注册护士501.8万人；分布在医院847.8万人，分布在基层医疗卫生机构443.2万人，分布在专业公共卫生机构95.8万人；每千人口执业（助理）医师数为3.04人，每千人口注册护士数为3.56人；每万人口全科医生数为3.08人，每万人口专业公共卫生机构人员6.79人。众多的卫生人员提供最基本的医疗服务，保护了公民的健康。

医疗机构、医疗设施和卫生技术人员组成提供服务的直接主体，国家的医疗卫生目标的实现依靠这些因素的组合向国民提供服务，进行疾病治疗和预防。这些因素的组合发挥其功能是确保医疗服务质量的前提。

作为财政医疗卫生支出的间接产出——健康，恰是财政提供卫生服务的目的。虽然决定健康的因素很多，但是政府的支持对医疗防护体制的建立作用巨大，我国旧的农村合作医疗的解体就是缺乏必要的资金支持，而居民医保的迅速推广普及说明财政大力支持的作用无法替代。

二、财政医疗卫生绩效评价目标及原则

（一）绩效评价目标

1. 确保人人享有健康

健康权是一项基本人权。每个人都必须能够随时随地获得所需的卫生服务，而不会造成经济困难。为国民提供"人人享有健康"的保障制度是政府职责，无论农村还是城市居民都应能享受到政府提供的最基本的医疗服务和保障，新时代"以基层为重点，以改革创新为动力，预防为主，中西医并重，将健康融入所有政策，人民共建共享"的卫生与健康工作方针就体现了人人享有健康的理念。

财政医疗卫生支出应该体现公平的原则，这种公平在医疗卫生领域的体现就是医疗卫生资源公平配置，卫生政策要公平，基本医疗服务实现均等化。进行财政医疗卫生支出绩效评价就是要对政府医疗卫生支出公平性进行检验，以检验政府是否提供了公平、可及的卫生服务，是否能够让更多的人群享受到改革的成果。

2. 提高财政资金效率

效率是从事一项活动所投入的时间、物质、精力和金钱与取得效果的比，在同样的条件下，同样的投入，其效果越大，效率就越高。财政效率是公共效果与公共资源投入的比。政府支出的效率可以从三个方面衡量：一是政府支出如果增加了公共利益，就是有效的，否则就是无效率的行为；二是政府支出的成本计算，如果还有成本缩小的空间，那就是无效率的；三是支出的效果，如果达到了预期目标，那就是有效率的。

据统计，2022年我国一般公共预算卫生健康支出从7 199亿元增加到22 542亿元，城乡居民医保人均财政补助标准从240元提高到610元，基本公共卫生服务经费人均财政补助标准从25元提高到84元。财政投入的增加是否达到了预期目的，很值得关注。财政医疗卫生支出的绩效评价目的就是检验政府的支出效果是否达到了帕累托最优，是否还有改进的空间，是否有效地为居民提供了最基本的医疗保障，是否满足了居民的健康需求。

进行绩效评价需要设计一套能反映投入与产出的指标体系，以检验财政医疗卫生支出过程和结果是否达到预期政策目标，以下从财政医疗卫生投入和产出过程分析出发，结合财政医疗卫生支出绩效评估指标体系的构

建原则，对绩效评价总体框架和指标体系进行探索。

（二）绩效指标设计原则

代表性原则。可用来评价卫生支出绩效的指标有很多，但是要建立一套评价指标体系，不可能选取所有的指标。因为体系的构建并不是所有可计算的指标的简单堆砌，而应该尽量选取少量能够代表政府卫生支出整体绩效的指标。

可行性原则。建立评价指标体系主要是为了对政府的卫生支出实际效果进行测量和监控，以评价政府资金是否达到预期效果，从而为进一步制定政策提供参考。因此，指标的选取应该注意相关资料获得的难易程度，使指标具有易得性、可比性，使得绩效评价更容易进行。

科学性原则。指标的设计是一个复杂的系统工程，要科学全面反映所评价对象的整体情况。所设计的指标要具有完备性，不能残缺，要有创新精神和理论依据，同时还要反映实际情况。指标之间既相互独立又相互联系，共同构成一个有机整体。这也是体现政府卫生支出绩效，衡量政府卫生支出实际工作优劣的关键。

导向性原则。指标体系不仅仅具有评价功能，还应该具有导向性功能，即对政府卫生支出管理工作起到监督和导向作用，促使财政卫生支出管理规范化，以获取最佳绩效目标。

动态性原则。指标并不是固定不变的，只是在一定时期内相对稳定，在保证评价体系的基本框架稳定的前提下，指标和指标的权重标准值等也会随着社会经济的发展而有所变化，以体现时代特征。

三、财政医疗卫生绩效评价框架和指标体系

（一）绩效评价框架

从当前国内外卫生领域绩效评价实践来看，虽然关于绩效评价的概念和分析框架有很多，但是大多数都是围绕促进健康这一个主题。Li 和 Benton 提出的内部和外部绩效考核框架，Donabedian 等提出的结构指标、过程指标和结果指标的理论框架，"3E" 评价法（经济性、效率性和效果性），以及 OECD 组织提出的 "蜘蛛网" 分析框架等在世界范围内不同程度地被直接引用和揉合运用[①]。在借鉴 WHO、OECD 以及美国、澳大利亚、

---

① 刘运国，张亮，姚岚. 初级卫生保健机构绩效评价 [M]. 北京：中国财政经济出版社，2007：25.

加拿大等国对卫生系统绩效评价的思想、理论框架的基础上，联系我国社会实际，为保证国民基本健康需求，充分体现现代财政为公众特征和人人享有健康的目标，我们需要建立一个财政医疗卫生支出评价的框架模型和相应的指标体系。

对于建立的评价框架模型，政府有为全体公民提供最基本的公共服务和产品的职责。因此，是否向全体公民提供了无差异的、普遍的、可及的医疗服务也就成了考核政府是否正确履行其职责的一个重要标志。为此，有效的财政医疗卫生支出评价的框架应该从以下两个维度来考察：公平维度和效率维度。

公平维度。对于公平的理解受到社会制度、经济发展水平和伦理道德观念影响。无论是功利主义的"所有人的最大效用或福利"，还是罗尔斯主义的"立足于公平的一套优先于任何其他可考虑的自由权"，或是自由至上主义的"有法制权利保证的、受最少限制的个人自由"① 的标准都无法统一人们对公平的认知，也都遭到不同程度的批评，所以没有绝对一成不变的公平，公平是相对的。有人把卫生公平看作"所有人应该有同等的获取和利用卫生服务的机会"，也有人认为卫生公平"应该以需求为导向，保障社会人群在健康和卫生服务利用上的均等，使每一个成员都能达到最基本的生存标准"，还有的人认为"所有的成员接受相同的卫生服务质量"就达到了卫生公平②。WHO 和瑞典国际发展合作署在 1966 年的一份倡议书《健康与卫生服务的公平性》中认为卫生公平意味着生存机会的分配不应该由社会权力来决定，而应该以需要为导向，缩小公民在健康获得和卫生服务利用上存在的差距，使每个社会成员都能获得基本的生存标准。可见，实现卫生公平至少应该在医疗资源配置、医疗服务的获取能力、医疗服务质量和健康状况上有所体现。衡量我国财政医疗卫生公平性时，我们应从"城乡二元结构"出发，正视城乡之间医疗资源配置公平性和健康结果的差距。

效率维度。效率一般指资源约束下的产出最大化，或者是产出约束下的资源最小化。卫生资源是有限的，如何配置卫生资源，实现以最少的投入保障人们获得最佳的健康服务是卫生经济关注的问题。财政卫生支出承

① 阿玛蒂亚森. 以自由看待发展 [M]. 任颐, 于真, 译. 北京：中国人民大学出版社, 2002：51-55.

② 张振忠. 中国卫生费用核算研究报告 [M]. 北京：人民卫生出版社, 2009：172-174.

担着为国民提供基本医疗服务的责任，提高财政卫生支付效率对国民抵御疾病的侵袭至关重要，可及的、基本的医疗服务体系构成了保护居民健康的第一道防线，因此，财政卫生支出效率直接影响基本医疗服务体系的发展。农村地区是我国医疗卫生服务的薄弱地区，在有限的卫生资源支持下，提高财政卫生支出的效率就更为重要。卫生支出绩效可以用生产函数法、数据包络分析、比率分析法以及综合指数法等进行测算。这里结合评价对象和数据资料，考虑采用 DEA 的方法进行测算，原因在于 DEA 方法是运用得比较多的方法，而且可借鉴的模型比较多，便于分析。但是普通 DEA 模型也存在不足，特别是在权重设置上隐含等权重的假设。为此，我们借鉴约束锥比例的 DEA 模型，结合灰色关联理论对权重进行了限制，这样不仅可以克服人为赋权带来的主观性，使得评价更有客观性，而且可以通过分析其中的变化探讨在数据背后隐含的政策导向，为提高综合绩效提供参考意见。

（二）绩效评价指标

这个模型框架（见图 4.5）为财政医疗卫生支出绩效评价提供了基本的思路，我们首先需要对公平和效率维度进行评价，然后再对整个系统进行综合评价。

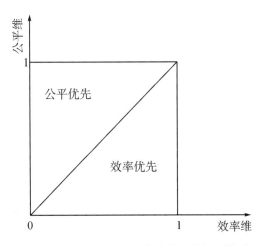

图 4.5　财政医疗卫生支出绩效评价框架模型

公平维度主要是通过描述城乡公共卫生资源配置公平性和健康差距，衡量财政医疗卫生资源在城乡间的公平配置程度和健康差距程度；效率维度主要通过财政医疗卫生支出所形成的医疗机构、医务人员等医疗资源对居民健康改善程度测算财政支出效率，判断政府是否向农村居民提供了有效的、可及的医疗卫生保健，是否履行自己的职责。这个框架体现了财政支出的公平和效率的统一，我们通过这个框架还可以分析政府卫生支出的政策倾向。

根据这个评价框架以及选择指标的原则，我们选取了以下指标体系（见表4.5）对我国财政医疗卫生支出绩效进行评价。

表4.5　财政医疗卫生支出绩效评价指标

评价维度		指标
公平维度 X_1	资源配置公平 X_{11}	人均卫生费用比（城市/农村）X_{111}
		每千人口病床数（城市/农村）X_{112}
		每千人口卫生人员比（城市/农村）X_{113}
	健康公平 X_{12}	死亡率比（农村/城市）X_{121}
		婴儿死亡率比（农村/城市）X_{122}
		5岁以下儿童死亡率（农村/城市）X_{123}
		孕产妇死亡率比（农村/城市）X_{124}
效率维度 X_2	投入 X_{21}	每千人口病床数（张）X_{211}
		每千人口卫生技术人员数（人）X_{212}
		政府卫生支出/GDP（%）X_{213}
		卫生机构数（个）X_{214}
	产出 X_{22}	死亡率（‰）X_{221}
		甲乙类法定报告传染病发病率（1/10万）X_{222}
		婴儿死亡率（‰）X_{223}
		孕产妇死亡率（1/10万）X_{224}
		5岁以下儿童死亡率（‰）X_{225}
		新生儿死亡率（‰）X_{226}

在进行公平维度的评价时，我们主要关注的是城乡之间卫生资源配置差异和健康差异，因此我们选用3个卫生资源配置指标和4个健康差距指标，运用灰色系统理论进行权重赋权和评价；现阶段我国财政医疗卫生支出的不公平性的主要矛盾是外部性矛盾，即城市和农村之间的不公平，我们可用城乡之间拥有的卫生技术人员、医疗设备和人均卫生费用等的数据清楚地表现出来，而城乡内部卫生体系中虽然也存在不公平的现象，对于农村医疗卫生体系的不公平性与城乡之间不公平的程度来说，缩小城乡之

间的差距更为紧迫，因此并没有考虑公共卫生资源配置和健康差距的城乡内部公平性。

在进行效率维的评价时，我们采用灰色关联约束锥的 DEA 模型进行评价，然后得出一个效率评价值，从而我们可以用一个二维平面图绘制出一个评价框架图，通过相应坐标位置和数字可以分析政府卫生政策倾向。我们可以结合得出的公平和效率的评价值，再利用灰色关联理论对财政卫生支出绩效进行一次综合评价，具体数据说明和评价过程将会在下一章中进行描述和分析。

第五章　新时代财政医疗卫生支出绩效评价实践

第一节　新时代财政医疗卫生支出公平度评价

一、数据来源及分析

（一）数据来源

为了对财政医疗卫生支出的公平性进行评价，尽可能地反映我国现阶段城乡之间医疗支出的公平程度，所选择的指标不仅要接近现实，易于理解和便于为政府决策提供参考，而且还要充分考虑数据的易获得性。因此，数据主要从历年中国卫生健康统计年鉴和中国统计年鉴以及几次人口调查的统计数据，中经网数据库和中国知网数据库等获得，还参考一些论文的数据做辅助验证和支撑，尽可能地考察这些数据的变化及其政策倾向。

如前文所述，财政医疗卫生支出的公平性主要表现在两个方面：一是支出所形成的医疗资源是否公平，也就是财政医疗卫生支出所形成的医疗机构、医疗设施、供养的医疗卫生技术人员等，是否在城市和农村之间合理分布和公平分配，城乡居民人均公共卫生经费是否公平等；二是城乡居民在健康指标上的差距，比如婴儿死亡率、孕产妇死亡率、5岁以下婴儿死亡率、居民整体死亡率等，这些指标从不同侧面反映了健康的状况。

从表5.1可以看出城乡之间医疗卫生资源配置状况，城市每千人卫生技术人员和病床数虽明显好于农村，但城乡卫生资源差距明显缩小。城市每千人卫生技术人员数方面，2003年只有4.9人，到2021年增加到9.9

人，2020 年每千人卫生技术人员数最多，达到了 11.5 人，2003—2020 年城市每千人卫生技术人员数一直呈增长趋势，2021 年略微有所减少。农村每千人卫生技术人员数方面，2003 年只有 2.3 人，到 2021 年增加到 6.3 人，2003—2021 年农村每千人卫生技术人员数一直呈增长趋势。城市每千人注册护士数方面，2003 年只有 1.6 人，2021 年增加到 4.6 人，2020 年每千人注册护士数最多，达到了 5.4 人，2003—2020 年城市每千人注册护士数一直呈增长趋势，2021 年略微有所减少。农村每千人注册护士数方面，2003 年只有 0.5 人，2021 年增加到 2.6 人，2003—2021 年城市每千人注册护士数一直呈增长趋势。城市每千人病床数①方面，2003 年只有 2.35 张，2021 年增加到 7.47 张，2021 年每千人病床数最多，达到了 8.8 张，2003—2020 年城市每千人病床数一直呈增长趋势，2021 年略微有所减少。医疗资源的增加，为保障人民健康提供了必要设备基础和人力支撑，尤其是农村地区医疗卫生资源状况得到明显改善。2021 年与 2003 年相比，农村每千人技术人员数、注册护士数和病床数分别增加了 1.7 倍、4 倍和 6 倍，这主要得益于从 2003 年之后开始建设的新农村合作医疗制度，以及 2009 年之后开始的"强基层"的财政医疗卫生支出政策的支持。

表 5.1　2003—2021 年城乡卫生资源配置

指标	卫生技术人员数/人·千人⁻¹		注册护士数/人·千人⁻¹		病床数/张·千人⁻¹	
	城市	农村	城市	农村	城市	农村
2003 年	4.9	2.3	1.6	0.5	2.35	0.76
2004 年	5.0	2.2	1.6	0.5	2.4	0.76
2005 年	5.8	2.7	2.1	0.7	2.45	0.78
2006 年	6.1	2.7	2.2	0.7	2.53	0.80
2007 年	6.4	2.7	2.4	0.7	4.9	2.00
2008 年	6.7	2.8	2.5	0.8	5.17	2.20
2009 年	7.2	2.9	2.8	0.8	5.54	2.41
2010 年	7.6	3.0	3.1	0.9	5.94	2.6
2011 年	7.9	3.2	3.3	1.0	6.24	2.8

①　2007 年之前的病床数指医院和卫生院病床数，2007 年及以后的病床数指医疗机构病床数。

表5.1(续)

指标	卫生技术人员数/人·千人⁻¹		注册护士数/人·千人⁻¹		病床数/张·千人⁻¹	
	城市	农村	城市	农村	城市	农村
2012 年	8.5	3.4	3.6	1.1	6.88	3.11
2013 年	9.2	3.6	4.0	1.2	7.36	3.35
2014 年	9.7	3.8	4.3	1.3	7.84	3.54
2015 年	10.2	3.9	4.6	1.4	8.27	3.71
2016 年	10.4	4.1	4.8	1.5	8.41	3.91
2017 年	10.9	4.3	5.0	1.6	8.75	4.187
2018 年	10.9	4.6	5.1	1.8	8.70	4.56
2019 年	11.1	5.0	5.2	2.0	8.78	4.81
2020 年	11.5	5.2	5.4	2.1	8.80	4.95
2021 年	9.9	6.3	4.6	2.6	7.47	6.01

资料来源：根据中国统计年鉴整理。

图 5.1 显示了 2000—2016 年城乡人均卫生费用变化情况。城市居民人均卫生费用从 2000 年的 815.7 元增加到 2016 年的 4 471.5 元，农村居民人均卫生费用从 2000 年的 214.7 元增加到 2016 年的 1 846.1 元。2000—2016 年，城市居民人均卫生费用增长了 4.5 倍，农村居民人均卫生费用增长了 7.6 倍，农村居民人均卫生费用增速比城市居民人均卫生费用增速快。

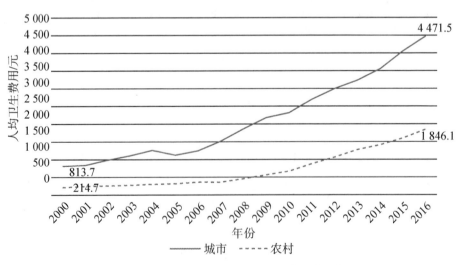

图 5.1　2000—2016 年城乡人均卫生费用变化情况

根据表 5.2 中的健康指标，城乡居民健康水平显著提高。城市新生儿死亡率由 2003 年的 8.9‰ 下降到 2021 年的 1.9‰，城市婴儿死亡率由 2003 年的 11.3‰ 下降到 2021 年的 3.2‰，城市孕产妇死亡率由 2003 年的 27.6/10 万下降到 2021 年的 15.4/10 万。农村新生儿死亡率由 2003 年的 20.1‰ 下降到 2021 年的 3.6‰，农村婴儿死亡率由 2003 年的 28.7‰ 下降到 2021 年的 5.8‰，农村孕产妇死亡率由 2003 年的 65.4/10 万下降到 2021 年的 16.5/10 万。农村婴儿死亡率、新生儿死亡率和孕产妇死亡率下降幅度要大于城市婴儿死亡率、新生儿死亡率和孕产妇死亡率，农村居民健康水平提高幅度要大于城市居民。居民健康状况的改善受益于医疗资源供给增加和公平配置，以及医疗保障制度的建立和完善。新型农村合作医疗和居民医疗保障的建立，使得之前看病难、看病贵的问题有所缓解，提高了居民卫生的可获得性，为居民健康构建了一张基础防护网。政府合理调节医疗机构布局，增加农村和社区的基层医疗机构的设施水平，提升基层医疗人员医护水平，为居民健康提供了高质量的医疗服务。

表 5.2　2003—2021 年城乡居民健康水平分布

指标	新生儿死亡率/‰		婴儿死亡率/‰		孕产妇死亡率/1·10 万$^{-1}$	
	城市	农村	城市	农村	城市	农村
2003 年	8.90	20.1	11.3	28.7	27.6	65.4
2005 年	7.50	14.7	9.1	21.6	25.0	53.8
2007 年	5.50	12.8	7.7	18.6	25.2	41.3
2009 年	4.50	10.8	6.2	17.0	26.6	34.0
2011 年	4.00	9.4	5.8	14.7	25.2	26.5
2013 年	3.70	7.3	5.2	11.3	22.4	23.6
2015 年	3.30	6.4	4.7	9.60	19.8	20.2
2017 年	2.65	5.3	4.15	7.94	16.6	21.1
2019 年	2.00	4.1	3.4	6.60	16.5	18.6
2021 年	1.90	3.6	3.2	5.80	15.4	16.5

资料来源：根据中国统计年鉴整理。

值得注意的是，随着政府投入增加，居民医疗费用支出也在增加，这可能会降低居民对医疗服务的评价，看病难问题有所缓解，看病贵问题仍需加大力度去解决。如何在增加服务能力的同时控制医疗成本也是以后要考虑的问题。各地也在采取不同措施来降低医药费用，如按病种付费医保支付方式改革、药品医疗器材集中采购等也在被不断引入医疗保障体系中。

（二）数据处理

由于评价的是医疗卫生城乡之间的公平程度，我们首先对公平做一下说明。公平是一种社会现象，公平内涵既复杂又丰富，古今学者对于公平的理解往往基于不同的社会历史条件，从不同的角度、不同的逻辑层次上对其进行理解和分析。《雅典政制》记载，梭伦认为公平就是不偏不倚；亚里士多德把公平分为绝对公平和相对公平，情况相同时应同等对待，而存在不平等情况时应不平等对待。近代，自由主义主张过程公平，而平等主义主张条件公平。马克思主义则认为公平指人们之间相互给予与获取大致持平的平等权利。公平是人们判断社会利益和价值分配合理性的尺度，是人们对分配结果的主观感受。

从实质上来说，公平的意义在于实现人与人之间的平等，公平不等于绝对平等。平等，应当是承认一定程度的差异，以承认一定程度差异为前提，在既定差异的基础上实现的平等。人们常用基尼系数、泰尔指数等来测量公平性，也可用相同指标比来测度公平性，比如城乡居民人均可支配收入比、城乡居民人均图书拥有量等。

就医疗卫生公平性来说，仅靠城乡医疗资源配置和健康的原始数据还不能准确判断公平差距，需要对原始数据进行适当的处理才能符合评价绩效的需要，这里采用了城乡比值这个简单指标来代表公平程度。

这些指标都可以反映城乡之间的对比倍数关系。虽然有很多指标可以表示公平程度，但是这些对比指标无疑是最直接、最简单的对城乡之间卫生资源配置和健康公平度的衡量。城乡卫生体系内部的不公平程度对居民健康造成的影响远小于城乡之间卫生资源和健康的差距对健康的影响。为国民提供基本可及的公共医疗服务，保障人民公平的健康权，是一个负责任的政府应尽的职责，因此无论是城市居民还是农村居民，都应该享受到公平的医疗服务，这本身就包括拥有相对平等的医疗资源和相同的健康权利。虽然说基尼系数、泰尔指数等指标也能表现城乡差距，但是这些指标没有城乡比值来得更为直接，用最简单的民众能看得见的指标也不失是一种可以考虑的选择。

对于不同指标的城乡比值倍数来说，倍数越大，公平度越差。从表

5.3 可以看出，城乡之间的医疗卫生资源和公平差距趋于缩小趋势。每千人口病床数比从 2003 年的 2.48 下降到 2021 年的 1.24，每万人口卫生技术人员比从 2003 年的 2.13 下降到 2021 年的 1.57，人均卫生费用比从 2003年的 4.04 下降到 2021 年的 2.37，城乡医疗卫生资源的比值下降，意味着资源配置公平性有所提高，民众医疗服务的可获得性提高了，这就为居民健康改善提供了硬件和软件的基础，使得居民健康出现状况时能够有机会获得相应的医疗服务，看病难的问题会得到缓解。在卫生资源配置公平性得到改善的同时，城乡居民健康公平也得到改善。城乡新生儿死亡率比从 2003 年的 2.26 下降到 2021 年的 1.89，城乡婴儿死亡率比从 2003 年的 2.54 下降到 2021 年的 1.81，城乡孕产妇死亡率比从 2003 年的 2.37 下降到 2021 年的 1.07。值得注意的是，与 2003 年比，2009 年新生儿死亡率比和婴儿死亡率比值分别增加了 0.14 和 0.2。2009 年之后，新生儿死亡率比和婴儿死亡率比又开始下降，与 2009 年相比，2021 年分别下降了 0.51 和0.93，同期孕产妇死亡率比则下降了 0.21。

表 5.3　2003—2021 年城乡卫生健康公平差距

项目	资源公平维度（城市/农村）									
年份	2003	2005	2007	2009	2011	2013	2015	2017	2019	2021
人均卫生费用比	4.04	3.57	4.23	3.87	3.07	2.54	2.53	2.42	2.40	2.37
千人口病床数比	2.48	2.51	2.45	2.30	2.23	2.20	2.23	2.09	1.83	1.24
千人卫技人员比	2.13	2.15	2.37	2.48	2.47	2.56	2.62	2.53	2.22	1.57
项目	健康公平维度（城市/农村）									
年份	2003	2005	2007	2009	2011	2013	2015	2017	2019	2021
新生儿死亡率比	2.26	1.96	2.33	2.40	2.35	1.97	1.94	2.00	2.05	1.89
婴儿死亡率比	2.54	2.37	2.42	2.74	2.53	2.17	2.04	1.91	1.94	1.81
孕产妇死亡率比	2.37	2.15	1.64	1.28	1.05	1.05	1.02	1.27	1.13	1.07

资料来源：根据中国统计年鉴整理。

我们认为城乡卫生资源比和健康水平比最优值应该是 1，尤其是健康水平比，最优值更应该是 1。如果卫生资源最优比值是 1 有点绝对平均主义的话，那么健康指标的最优比值 1 则体现了城乡居民在健康上最平等。城乡居民无论拥有多少卫生资源，在面临疾病的困扰的时候，获得的健康服务应该是均等无差别的，最终体现的健康指标应该是 1，不然你很难接受城乡居民在婴儿死亡率、孕产妇死亡率上有很大的不同。在城乡卫生资源公平配置上，很难说最优比值为 1 不可以，因为如果说最优比值不是 1，那么有没有哪个数值是最优的。我们经常提到的基本公共服务均等化的标准，其实也在不断地被优化，优化的趋势最终也是均等，不然很难说什么时候均等化最好。提倡城乡医疗卫生公平最优比值为 1，并不是否认差异，而恰是最理想的状态的体现。

（三）评价步骤

根据财政医疗卫生支出绩效评价框架，评价步骤按照三步进行：首先，利用城乡卫生费用比（X_{11}）、城乡每千人病床数比（X_{12}）和卫生技术人员比（X_{13}）三个指标对卫生资源配置的公平性进行评价，得出相应的评价值；其次，利用新生儿死亡率比（X_{21}）、婴儿死亡率比（X_{22}）和孕产妇死亡率比（X_{23}）对城乡健康公平度进行测评；最后，以卫生资源公平度和健康公平度的数值为基础，对卫生公平度进行总体评价。但是要想对各个维度进行评价，我们就要获得各个指标的权重。因此，我们首先需要计算各个指标的权重。

二、计算指标权重

指标权重反映了指标在整个体系中的重要程度，一般而言重要指标的权重会大一些。要计算指标权重的方法有很多，可以采用主观赋权，也可以采用客观赋权，这里采用的是根据前面所述的灰色关联系数和灰色关联度来进行的客观赋权方法，主要公式如下：

$$\gamma(x_{j0}, x_{ji}) = \frac{\Delta\min(X) + \rho\Delta\max(X)}{\Delta_i(X) + \rho\Delta\max(X)} \quad \rho \in (0,1); j = 1,2,\cdots m; i = 1,2,$$
$$\cdots, n$$

$$\gamma_j = \gamma(X_0, X_i) = \frac{1}{n}\sum_{i=1}^{n}\gamma(x_{j0}, x_{ji}) \quad j = 1,2,\cdots,m; i = 1,2,\cdots,n$$

灰色关联系数的计算过程：进行数据标准化处理并选择参考序列，计算比较序列与参考序列差的绝对值，在绝对值里找到最大和最小值，利用灰色关联系数公式计算灰色关联系数，最后计算灰色关联度。

第一步：进行数据标准化处理并选择参考序列（见表5.4）。

表5.4　数据标准化处理结果

年份	资源公平（X_1）			健康公平（X_2）		
	X_0	X_{11}	X_{12}	X_{13}	X_{21}	X_{22}	X_{23}
2003	1	0.247 7	0.402 6	0.469 4	0.442 8	0.393 7	0.422 0
2004	1	0.239 0	0.397 4	0.440 0	0.485 5	0.412 2	0.414 3
2005	1	0.280 4	0.397 9	0.465 5	0.510 2	0.421 3	0.464 7
2006	1	0.289 9	0.403 9	0.442 6	0.507 5	0.406 1	0.545 1
2007	1	0.236 2	0.408 4	0.421 9	0.429 7	0.414 0	0.610 2
2008	1	0.244 5	0.425 5	0.417 9	0.406 5	0.353 3	0.808 9
2009	1	0.258 2	0.435 0	0.402 8	0.416 7	0.364 7	0.782 4
2010	1	0.287 8	0.437 7	0.394 7	0.410 0	0.360 2	0.986 7
2011	1	0.326 0	0.448 7	0.405 1	0.425 5	0.394 6	0.950 9
2012	1	0.355 0	0.452 0	0.400 0	0.481 5	0.419 4	0.867 2
2013	1	0.394 1	0.455 2	0.391 3	0.506 8	0.460 2	0.949 2
2014	1	0.396 9	0.451 7	0.391 8	0.507 2	0.448 6	0.923 4
2015	1	0.395 1	0.448 6	0.382 4	0.515 6	0.489 6	0.980 2
2016	1	0.412 9	0.464 6	0.394 2	0.508 8	0.466 7	0.975 0
2017	1	0.414 0	0.478 3	0.394 5	0.500 0	0.522 7	0.786 7
2018	1	0.414 9	0.524 1	0.422 0	0.468 1	0.493 2	0.778 9
2019	1	0.417 3	0.547 7	0.450 5	0.487 8	0.515 2	0.887 1
2020	1	0.419 4	0.561 9	0.452 2	0.538 5	0.580 6	0.762 2
2021	1	0.422 6	0.804 1	0.636 4	0.527 8	0.551 7	0.933 3

注：X_0为参考序列。

第二步：计算比较序列与参考序列差的绝对值（见表5.5）。

表5.5　比较序列与参考序列绝对差

年份	资源公平（X_1）			健康公平（X_2）		
	X_{11}	X_{12}	X_{13}	X_{21}	X_{22}	X_{23}
2003	0.752 3	0.597 4	0.530 6	0.557 2	0.606 3	0.578 0
2004	0.761 0	0.602 6	0.560 0	0.514 5	0.587 8	0.585 7

表5.5(续)

年份	资源公平（X_1）			健康公平（X_2）		
	X_{11}	X_{12}	X_{13}	X_{21}	X_{22}	X_{23}
2005	0.719 6	0.602 1	0.534 5	0.489 8	0.578 7	0.535 3
2006	0.710 1	0.596 1	0.557 4	0.492 5	0.593 9	0.454 9
2007	0.763 8	0.591 6	0.578 1	0.570 3	0.586 0	0.389 8
2008	0.755 5	0.574 5	0.582 1	0.593 5	0.646 7	0.191 1
2009	0.741 8	0.565 0	0.597 2	0.583 3	0.635 3	0.217 6
2010	0.712 2	0.562 3	0.605 3	0.590 0	0.639 8	0.013 3
2011	0.674 0	0.551 3	0.594 9	0.574 5	0.605 4	0.049 1
2012	0.645 0	0.548 0	0.600 0	0.518 5	0.580 6	0.132 8
2013	0.605 9	0.544 8	0.608 7	0.493 2	0.539 8	0.050 8
2014	0.603 1	0.548 3	0.608 2	0.492 8	0.551 4	0.076 6
2015	0.604 9	0.551 4	0.617 6	0.484 4	0.510 4	0.019 8
2016	0.587 1	0.535 4	0.605 8	0.491 2	0.533 3	0.025 0
2017	0.586 0	0.521 7	0.605 5	0.500 0	0.477 3	0.213 3
2018	0.585 1	0.475 9	0.578 0	0.531 9	0.506 8	0.221 1
2019	0.582 7	0.452 3	0.549 5	0.512 2	0.484 8	0.112 9
2020	0.580 6	0.438 1	0.547 8	0.461 5	0.419 4	0.237 8
2021	0.577 4	0.195 9	0.363 6	0.472 2	0.448 3	0.066 7

第三步：确定比较序列与参考序列的差的绝对值中的最大值和最小值，得到 max = 0.763 8 和 min = 0.013 3。

第四步：根据灰色关联系数公式计算灰色关联系数，其中分辨系数取0.5（见表5.6）。

表5.6　灰色关联系数

年份	资源公平（X_1）			健康公平（X_2）		
	X_{11}	X_{12}	X_{13}	X_{21}	X_{22}	X_{23}
2003	0.348 4	0.403 5	0.433 1	0.420 8	0.399 9	0.411 7
2004	0.345 8	0.401 4	0.419 6	0.440 9	0.407 6	0.408 4
2005	0.358 8	0.401 6	0.431 3	0.453 4	0.411 4	0.430 9

表5.6(续)

年份	资源公平（X_1）			健康公平（X_2）		
	X_{11}	X_{12}	X_{13}	X_{21}	X_{22}	X_{23}
2006	0.361 9	0.404 1	0.420 7	0.451 9	0.405 0	0.472 2
2007	0.344 9	0.405 9	0.411 7	0.415 0	0.408 3	0.512 1
2008	0.347 5	0.413 2	0.410 0	0.405 2	0.384 2	0.689 7
2009	0.351 7	0.417 4	0.403 6	0.409 4	0.388 5	0.659 2
2010	0.361 2	0.418 6	0.400 3	0.406 6	0.386 8	1.000 0
2011	0.374 3	0.423 5	0.404 6	0.413 2	0.400 3	0.917 0
2012	0.384 9	0.425 0	0.402 5	0.438 9	0.410 6	0.767 8
2013	0.400 1	0.426 4	0.399 0	0.451 6	0.428 8	0.913 2
2014	0.401 2	0.424 9	0.399 1	0.451 8	0.423 4	0.862 0
2015	0.400 5	0.423 4	0.395 4	0.456 2	0.442 9	0.983 8
2016	0.407 8	0.430 8	0.400 1	0.452 6	0.431 8	0.971 2
2017	0.408 3	0.437 4	0.400 2	0.448 1	0.459 9	0.664 0
2018	0.408 7	0.460 7	0.411 7	0.432 5	0.444 7	0.655 4
2019	0.409 7	0.473 7	0.424 3	0.442 0	0.456 0	0.798 7
2020	0.410 6	0.481 9	0.425 1	0.468 6	0.493 2	0.637 7
2021	0.411 9	0.684 0	0.530 1	0.462 7	0.476 0	0.881 0

第五步，计算灰色关联度和指标权重。

从表5.7可以看出，城乡卫生费用比（X_{11}）、城乡每千人病床数比（X_{12}）、卫生技术人员比（X_{13}）、新生儿死亡率比（X_{21}）、婴儿死亡率比（X_{22}）和孕产妇死亡率比（X_{23}）的灰色关联度分别为0.381 0、0.439 9、0.417 0、0.438 0、0.424 2和0.717 7。资源公平和健康公平的权重分别是0.439 3和0.560 7；城乡卫生费用比（X_{11}）、城乡每千人病床数比（X_{12}）、卫生技术人员比（X_{13}）、新生儿死亡率比（X_{21}）、婴儿死亡率比（X_{22}）和孕产妇死亡率比（X_{23}）的权重分别为0.135 2、0.156 1、0.148 0、0.155 4、0.150 5和0.254 7。

表 5.7　关联度和指标权重

X	资源公平（X_1）			健康公平（X_2）		
	X_{11}	X_{12}	X_{13}	X_{21}	X_{22}	X_{23}
灰色关联度	0.381 0	0.439 9	0.417 0	0.438 0	0.424 2	0.717 7
X_{ij}对 X 权重	0.135 2	0.156 1	0.148 0	0.155 4	0.150 5	0.254 7
X_{ij}对 X_i权重	0.307 8	0.355 4	0.336 9	0.277 2	0.268 5	0.454 3
X_i对 X 权重	0.439 3			0.560 7		

注：X 表示公平，X_1表示资源公平，X_2表示健康公平。

三、计算结果分析

公平维度评价分两步进行：第一步为计算出卫生资源配置公平度、健康公平度和整体公平度，第二步为计算整体的公平维度评价。

根据上面计算出的各个指标的权重，我们可以计算出卫生资源配置公平度、健康公平度和总体公平度（见表 5.8）。

表 5.8　财政医疗卫生支出公平度

年份	资源公平度	健康公平度	公平度	年份	资源公平度	健康公平度	公平度
2003	2.84	2.38	2.59	2013	2.42	1.61	1.97
2004	2.95	2.32	2.59	2014	2.42	1.64	1.98
2005	2.71	2.16	2.40	2015	2.45	1.55	1.95
2006	2.70	2.04	2.33	2016	2.36	1.59	1.93
2007	2.97	2.04	2.45	2017	2.34	1.65	1.95
2008	2.90	2.00	2.40	2018	2.22	1.72	1.94
2009	2.85	1.98	2.36	2019	2.13	1.19	1.61
2010	2.73	1.88	2.26	2020	2.11	1.57	1.81
2011	2.57	1.81	2.14	2021	1.70	1.50	1.59
2012	2.50	1.74	2.07				

从表 5.8 中可以看出，财政医疗卫生支出公平有所改善。一是卫生资源配置公平度数值由 2003 年的 2.84 降到 2021 年的 1.7，大约降低了 40%；2007 年之前，卫生资源配置公平度有波动，2007 年达到峰值（2.97）之

后，卫生资源配置公平度呈现不断改善趋势，2021年卫生资源配置公平度下降到1.7。二是城乡健康公平明显改善，城乡健康公平度数值由2003年的2.38下降到2021年的1.5，大约改善了37%；2003—2015年，健康公平度不断改善，2005年之后健康公平度有所波动，但是健康公平度数值一直呈不断下降状态。三是对比卫生资源配置公平度和健康公平度，健康公平度一直处于不断改善的趋势；卫生资源配置公平度呈现出一个浅"V"字形，2003—2007年是其波动增加阶段，而从2007年以后公平度数值则呈现出下降趋势。总体上，财政医疗支出公平度数值由2003年的2.59下降到2021年的1.59。2003—2009年公平度数值下降了0.17，2010—2021年公平度数值下降了0.67，这是2009年之后新医改的政策变化和实施健康中国战略所产生的结果。

此时，关于公平性维度的评价我们仅仅完成了第一步，第二步就以得到的数值为基础进行整体评价。我们利用灰色关联分析得到了卫生资源配置公平和健康公平的权重分别是0.4393和0.5607，然后得到了一个综合反映城乡公平差距的数值，用得到的数值与理想的最优目标进行对比，最终得到评价分值，得分越高，公平度越高。

从表5.9中可以看出，财政医疗卫生支出的整体公平程度有待改善。从资源配置公平方面看，城乡医疗卫生资源配置比下降比较明显，但是与理想目标仍有不小的差距，公平度得分除了2021年之外，其余年份都在0.6以下；2009年之后，卫生资源配置公平得分增加明显，从2009年的0.3697增加到2021年的0.6302。从健康公平方面看，城乡健康公平度差距缩小得更为显著，虽然与理想目标相比仍有差距，但是其表现明显好于卫生资源配置公平度，相同年份健康公平度得分都高于资源配置公平度得分；2003—2015年，健康公平度得分一直处于增加趋势；2016—2021年，健康公平度得分虽然有波动，但是仍然处于较高水平。从整体公平方面看，整体公平度得分一直是不断增长趋势，其表现和卫生资源配置公平度得分有点类似，除了2021年之外，其余年份整体公平度得分都在0.6以下，之所以整体公平度得分较低，是因为卫生资源配置公平度需要进一步改善。如果把0.6设定为公平性的及格线，财政医疗卫生支出的公平度大部分都在及格线以下，这与财政本身所具有的职能是相悖的。不过从总体趋势来说，城乡差距在缩小，公平度也在提高，特别是2009年新医改和实施健康中国战略之后，在补需方建立完善医疗保障体系、医疗救助体系，补供方调整结构加强基层医疗机构建设、调整优势医疗资源布局、建立国际医疗区域中心等一系列的政策推动下，财政医疗卫生支出更加注重公平，努力缩小健康差距，为居民提供基本可及的医疗服务体系，保障人人享有自由获得健康的权利。

表 5.9　公平维度评价结果

年份	资源公平		健康公平		综合绩效	
	得分	排名	得分	排名	得分	排名
2003	0.377 4	14	0.420 2	19	0.401 4	19
2004	0.363 0	18	0.433 5	18	0.402 5	18
2005	0.384 5	12	0.465 7	17	0.430 0	17
2006	0.381 9	13	0.497 3	16	0.446 6	15
2007	0.359 9	19	0.507 5	15	0.442 6	16
2008	0.367 2	17	0.575 0	13	0.483 7	13
2009	0.369 7	16	0.568 8	14	0.481 4	14
2010	0.377 1	15	0.658 6	7	0.534 9	12
2011	0.396 2	11	0.655 9	8	0.541 8	10
2012	0.404 6	10	0.640 0	10	0.536 6	11
2013	0.414 8	7	0.695 2	4	0.572 1	6
2014	0.414 6	8	0.680 6	5	0.563 7	7
2015	0.409 8	9	0.719 7	1	0.583 6	4
2016	0.425 0	6	0.709 3	3	0.584 4	3
2017	0.430 3	5	0.636 3	11	0.545 8	8
2018	0.456 1	4	0.616 0	12	0.545 8	9
2019	0.474 8	3	0.676 5	6	0.587 9	2
2020	0.481 1	2	0.651 4	9	0.576 6	5
2021	0.630 2	1	0.718 4	2	0.679 7	1

应该看到，改善公平并非一朝之功，重新配置医疗资源和医疗资源发挥功效都需要时间，要看到绩效评价的差距，也要看到努力的成绩。对于2003—2021 年这段时间的公平绩效来说，真的是朝向最佳目标迈进了一大

步，如果用现有最优得分进行标准化处理，我们就可以看到不同年份绩效的进展情况。

表 5.10 显示了根据各维度最优值调整的百分制结果，可以看出，资源公平度得分多数在 60~75，健康公平度得分多数在 70~90，整体公平得分多数在 70~80，这表明财政支出公平一直在朝着最佳目标靠近。

表 5.10　公平维度百分制结果

年份	资源公平	健康公平	公平	年份	资源公平	健康公平	公平
2003	60	58	59	2013	66	97	84
2004	58	60	59	2014	66	95	83
2005	61	65	63	2015	65	100	86
2006	61	69	66	2016	67	99	86
2007	57	71	65	2017	68	88	80
2008	58	80	71	2018	72	86	80
2009	59	79	71	2019	75	94	87
2010	60	92	79	2020	76	91	85
2011	63	91	80	2021	100	100	100
2012	64	89	79				
2013	66	97	84				

第二节　新时代财政医疗卫生支出效率评价

一、数据来源及分析

(一) 数据来源

对财政医疗卫生支出效率进行评价时，我们需要选取一定的指标数据。由于进行效率评价时采用 DEA 模型，而 DEA 模型需要有相应的投入和产出指标，因此，本着数据的现实性、获得便利性、易于理解和便于为政府决策提供参考的基本原则，结合评价框架、目的和层次，本小节从中国卫生健康统计年鉴、中国统计年鉴等选取了 4 个投入指标数据和 8 个产出指标数据（见表 5.11）。

表 5.11 效率维度指标及其含义

变量名称	指标含义	变量名称	指标含义
Y	产出	X	投入
Y_1	死亡率	X_1	千人口病床数
Y_2	甲乙类法定报告传染病发病率(1/10 万)	X_2	千人口卫生技术人员数
Y_3	婴儿死亡率（‰）	X_3	政府卫生支出/GDP
Y_4	孕产妇死亡率（1/10 万）	X_4	卫生机构数（万张）
Y_5	五岁以下儿童死亡率		
Y_6	新生儿死亡率		
Y_7	医院诊疗人数		
Y_8	病床使用率		

投入指标。根据前面的分析，财政医疗卫生支出并不直接转化成健康，而是通过直接相关的医疗资源包括人力、物力等保障健康，因此结合这一实际，我们没有直接选用财政卫生支出绝对额度，而是选用了卫生技术人员、病床数、医疗机构数等医疗资源和政府卫生支出占 GDP 比重作为提供健康产出的投入指标。选用每千人拥有病床数、卫生技术人员数量和卫生机构数来表示投入的医疗硬件和软件设施情况，这是能否获得有效的医疗服务的最基本的条件。拥有卫生人员和医疗设施多，表示医疗服务可获得性大；政府卫生支出占 GDP 的比例则体现了政府对医疗卫生事业的支持程度，比重越高，政府对医疗卫生的投入越多。

产出指标。这里用死亡率、孕产妇死亡率等健康指标表示卫生支出的产出结果，而不是形成的医疗资源，原因为卫生资源是保障民众健康的必要条件，没有相应的医疗设施和卫生技术人员，财政卫生支出就不能有效地提供健康产品。因此，卫生资源只是民众健康需求带来的引致需求，财政本身不能直接生产健康产品，只有通过购买医疗产品并通过医疗服务给国民提供健康产品。另外，很难用单一指标衡量健康，选择不同死亡率对健康状况进行综合描述可以更全面，如从婴儿死亡率、孕产妇死亡率可以看出妇幼保健水平，传染病发病率的控制情况可以反映国家的防疫水平和成效。对于健康指标来说，死亡率越低，健康程度越高。

利用这几个指标和灰色关联约束锥的 DEA 模型，我们可以对 2003—2021 年的财政医疗卫生支出效率进行评价，从中不仅可以对每年效率进行排序，还可以得出 20 年来效率的变化趋势。每千人口病床数、每年人口卫生技术人员数、卫生机构数死亡率、孕产妇死亡率等指标数据多来自历年中国卫生健康统计年鉴和历年中国统计年鉴。

（二）数据分析

从表 5.12 投入数据看，政府对医疗卫生的投入力度在逐渐增加，所形成的卫生医疗资源为保障人民健康提供了坚实的硬件支撑和人力资源支持。每千人口病床数从 2003 年的 2.49 张增加到 2021 年的 6.7 张，每千人口卫生技术人员数从 2003 年的 3.5 人增加到 2021 年的 8 人，卫生机构数从 2003 年的 80.6 万个增加到 2021 年的 103.09 万个，政府卫生支出占 GDP 比重从 2003 年的 0.81% 增加到 2021 年的 1.81%。2003—2021 年，每千人口病床数、每千人口卫生技术人员数、卫生机构数和政府卫生支出占 GDP 比重，分别增加了 1.69 倍、1.29 倍、28% 和 1.23 倍，医疗卫生资源一直呈增加趋势。政府卫生支出占 GDP 的比重在 2008 年突破 1% 之后持续增长，党的十八大之后其增长更为明显，2020 年政府卫生支出占 GDP 比重达到了 2.16%。医疗资源供给的增加，得益于新医改政策和健康中国战略实施之后，政府对基本医疗卫生的公益性定位，还有财政医疗卫生支出大幅度增加。

从表 5.12 产出指标数据看，死亡率和甲乙类法定报告传染病发病率有所增加，其余健康指标都有提高。全国死亡率从 2003 年的 6.4‰ 增加到 2021 年的 7.18‰，从 2008 年之后，稳定保持在 7‰～7.1‰ 的水平。甲乙类法定报告传染病发病率从 2003 年的 192.18/10 万增加到 2008 年的 272.39/10 万，2009 年开始下降，到 2021 年下降到 193.46/10 万，2003—2021 年甲乙类法定报告传染病发病率呈倒 "U" 形的变化过程。婴儿死亡率和孕产妇死亡率下降明显，婴儿死亡率从 2003 年的 25.5‰ 下降到 2021 年的 5‰，5 岁以下儿童死亡率从 2003 年的 29.9‰ 下降到 2021 年的 7.1‰，孕产妇死亡率从 2003 年的 51.3/10 万下降到 2021 年 16.1/10 万，新生儿死亡率从 2003 年的 18‰ 下降到 2021 年的 3.1‰。医疗机构就诊人数从 2003 年的 37.26 亿人次增加到 2021 年的 84.72 亿人次，医院就诊人数从 2003 年的 12.13 亿人次增加到 2021 年的 38.84 亿人次。病床使用率从 2003 年的 65.3% 增加 2012 年的 90% 之后，2012—2021 年略有下降，到 2021 年，病床使用率约为 74.6%。需要说明的是，病床使用率是所有卫生机构的病床使用率，公立医院的病床使用率一般高于私立医院的病床使用率，2017—2021 年，公立医院的病床使用率分别为 91.3%、91.1%、91.2%、77.4% 和 80.3%，而私立医院的病床使用率分别为 63.4%、63.2%、61.4%、58.3% 和 59.9%。

表 5.12　效率维度指标数据

年份	投入				产出							
	X_1	X_2	X_3	X_4	Y_1	Y_2	Y_3	Y_4	Y_5	Y_6	Y_7	Y_8
2003	2.49	3.5	0.81	80.62	6.40	192.18	25.50	51.30	29.90	18.00	12.13	65.3
2004	2.56	3.5	0.80	84.91	6.42	244.66	21.50	48.30	25.00	15.40	13.05	68.4
2005	2.62	3.5	0.83	88.22	6.51	268.31	19.00	47.70	22.50	13.20	13.87	70.3
2006	2.70	3.6	0.81	91.81	6.81	266.83	17.20	41.10	20.60	12.00	14.71	72.4
2007	2.83	3.7	0.96	91.23	6.93	272.39	15.30	36.60	18.10	10.70	16.38	78.2
2008	3.05	3.9	1.13	89.15	7.06	268.01	14.40	34.20	18.50	10.20	17.82	81.5
2009	3.32	4.2	1.38	91.66	7.08	263.52	13.80	31.90	17.20	9.00	19.22	84.7
2010	3.58	4.4	1.39	93.69	7.11	238.69	13.10	30.00	16.40	8.30	20.40	86.7
2011	3.84	4.6	1.53	95.44	7.14	241.44	12.10	26.10	15.60	7.80	22.59	88.5
2012	4.24	4.9	1.57	95.03	7.13	238.76	10.30	24.50	13.20	6.90	25.42	90.1
2013	4.55	5.3	1.61	97.44	7.13	225.80	9.50	23.20	12.00	6.30	27.42	89.0
2014	4.85	5.6	1.64	98.14	7.12	226.98	8.90	21.70	11.70	5.90	29.72	88.0
2015	5.11	5.8	1.81	98.35	7.07	223.60	8.10	20.10	10.70	5.40	30.84	85.4
2016	5.37	6.1	1.86	98.34	7.04	215.68	7.50	19.90	10.20	4.90	32.70	85.3
2017	5.72	6.5	1.83	98.66	7.06	222.06	6.77	19.60	9.05	4.48	34.39	85.0
2018	6.03	6.8	1.78	99.74	7.08	220.51	6.10	18.30	8.40	3.90	35.77	84.2
2019	6.30	7.3	1.83	100.76	7.09	220.00	5.60	17.80	7.80	3.50	38.42	83.6
2020	6.46	7.6	2.16	102.29	7.07	190.36	5.40	16.90	7.50	3.40	33.23	72.3
2021	6.70	8	1.81	103.09	7.18	193.46	5.00	16.10	7.10	3.10	38.84	74.6

数据来源：历年中国卫生健康年鉴和中国统计年鉴。

（三）评价步骤

评价步骤分为：首先，采用灰色关联分析方法，计算投入和产出中相关指标的权重；其次，利用前面建立的灰色关联约束锥 DEA 模型对有效性进行评价。

二、计算指标权重

（一）投入指标权重

计算投入指标中每千人口病床数、每千人口卫生技术人员等 4 个指标的权重，我们可以分成四步完成。

第一步，为了使各指标数据具有可比性，需要对其进行标准化处理，并根据标准的处理结果选定参考序列（见表 5.13）。

表 5.13　投入指标及其参考序列标准化

年份	X_0	X_1	X_2	X_3	X_4
2003	1	0.371 7	0.437 5	0.375 0	0.782 1
2004	1	0.382 1	0.437 5	0.370 4	0.823 7
2005	1	0.391 1	0.437 5	0.384 3	0.855 7
2006	1	0.403 5	0.450 0	0.375 0	0.890 5
2007	1	0.422 3	0.462 5	0.444 4	0.884 9
2008	1	0.454 7	0.487 5	0.523 1	0.864 7
2009	1	0.494 8	0.525 0	0.638 9	0.889 1
2010	1	0.534 4	0.550 0	0.643 5	0.908 8
2011	1	0.573 2	0.575 0	0.708 3	0.925 8
2012	1	0.632 9	0.612 5	0.726 9	0.921 8
2013	1	0.679 2	0.662 5	0.745 4	0.945 2
2014	1	0.724 0	0.700 0	0.759 3	0.952 0
2015	1	0.762 8	0.725 0	0.838 0	0.954 0
2016	1	0.801 3	0.762 5	0.861 1	0.953 9
2017	1	0.854 2	0.812 5	0.847 2	0.957 0
2018	1	0.899 8	0.850 0	0.824 1	0.967 5
2019	1	0.940 4	0.912 5	0.847 2	0.977 3
2020	1	0.964 3	0.950 0	1.000 0	0.992 2
2021	1	1.000 0	1.000 0	0.838 0	1.000 0

第二步，根据标准化处理后的数据和参考序列数据，利用公式 $|X_0-X_i|$ 计算得到各个比较序列与参考序列差的绝对值序列（见表 5.14）。

表 5.14 投入指标各序列的绝对差

年份	X_1	X_2	X_3	X_4
2003	0.628 3	0.562 5	0.625 0	0.217 9
2004	0.617 9	0.562 5	0.629 6	0.176 3
2005	0.608 9	0.562 5	0.615 7	0.144 3
2006	0.596 5	0.550 0	0.625 0	0.109 5
2007	0.577 7	0.537 5	0.555 6	0.115 1
2008	0.545 3	0.512 5	0.476 9	0.135 3
2009	0.505 2	0.475 0	0.361 1	0.110 9
2010	0.465 6	0.450 0	0.356 5	0.091 2
2011	0.426 8	0.425 0	0.291 7	0.074 2
2012	0.367 1	0.387 5	0.273 1	0.078 2
2013	0.320 8	0.337 5	0.254 6	0.054 8
2014	0.276 0	0.300 0	0.240 7	0.048 0
2015	0.237 2	0.275 0	0.162 0	0.046 0
2016	0.198 7	0.237 5	0.138 9	0.046 1
2017	0.145 8	0.187 5	0.152 8	0.043 0
2018	0.100 2	0.150 0	0.175 9	0.032 5
2019	0.059 6	0.087 5	0.152 8	0.022 7
2020	0.035 7	0.050 0	0.000 0	0.007 8
2021	0.000 0	0.000 0	0.162 0	0.000 0

第三步，在所有的绝对差序列里面找到最大值 max = 0.629 6 和最小值 min = 0，并利用灰色关联系数计算公式（分辨系数取 0.5）计算灰色关联系数（见表 5.15）。

表 5.15　投入指标各序列的灰色关联系数

年份	X_1	X_2	X_3	X_4
2003	0.333 8	0.358 8	0.335 0	0.590 9
2004	0.337 5	0.358 8	0.333 3	0.641 0
2005	0.340 8	0.358 8	0.338 3	0.685 8
2006	0.345 4	0.364 0	0.335 0	0.742 0
2007	0.352 7	0.369 4	0.361 7	0.732 3
2008	0.366 0	0.380 5	0.397 7	0.699 5
2009	0.383 9	0.398 6	0.465 8	0.739 4
2010	0.403 4	0.411 6	0.469 0	0.775 4
2011	0.424 5	0.425 5	0.519 1	0.809 2
2012	0.461 7	0.448 3	0.535 4	0.801 0
2013	0.495 3	0.482 6	0.552 8	0.851 6
2014	0.532 8	0.512 0	0.566 7	0.867 7
2015	0.570 3	0.533 8	0.660 2	0.872 5
2016	0.613 1	0.570 0	0.693 9	0.872 2
2017	0.683 4	0.626 7	0.673 3	0.879 9
2018	0.758 6	0.677 3	0.641 5	0.906 4
2019	0.840 9	0.782 5	0.673 3	0.932 9
2020	0.898 2	0.862 9	1.000 0	0.975 9
2021	1.000 0	1.000 0	0.660 2	1.000 0

第四步，根据灰色关联度的计算公式，可以得到每千人口病床数、每千人口卫生人员数、政府卫生支出占 GDP 比重和卫生机构数 4 个指标的灰色关联度分别是 0.533 8、0.522 2、0.537 5 和 0.809 2，权重系数分别是 0.222 2、0.217 3、0.223 7 和 0.336 8。

（二）产出指标权重

计算产出指标中死亡率、婴儿死亡率、孕产妇死亡率和病床使用率等 8 个指标的权重，我们可以分成四步完成。

第一步，为了使各指标数据具有可比性，需要对其进行标准化处理，并根据处理结果选定参考序列（见表 5.16）。

表 5.16 产出指标序列和参考序列标准化

年份	Y_0	Y_1	Y_2	Y_3	Y_4	Y_5	Y_6	Y_7	Y_8
2003	1	1.000 0	0.990 5	0.196 1	0.313 8	0.237 5	0.172 2	0.312 3	0.724 8
2004	1	0.996 9	0.778 1	0.232 6	0.333 3	0.284 0	0.201 3	0.336 0	0.759 2
2005	1	0.983 1	0.709 5	0.263 2	0.337 5	0.315 6	0.234 8	0.357 1	0.780 2
2006	1	0.939 8	0.713 4	0.290 7	0.391 7	0.344 7	0.258 3	0.378 7	0.803 6
2007	1	0.923 5	0.698 9	0.326 8	0.439 9	0.392 3	0.289 7	0.421 7	0.867 9
2008	1	0.906 5	0.710 2	0.335 6	0.470 2	0.383 8	0.303 9	0.458 8	0.904 6
2009	1	0.904 0	0.722 4	0.362 3	0.504 7	0.412 8	0.344 4	0.494 9	0.940 1
2010	1	0.900 1	0.797 5	0.381 7	0.536 7	0.432 9	0.373 5	0.525 2	0.962 3
2011	1	0.896 4	0.788 4	0.413 2	0.616 9	0.455 1	0.397 4	0.581 6	0.982 2
2012	1	0.897 6	0.797 3	0.485 4	0.657 1	0.537 9	0.449 3	0.654 5	1.000 0
2013	1	0.897 6	0.843 0	0.526 3	0.694 0	0.591 7	0.492 1	0.706 0	0.987 8
2014	1	0.898 9	0.838 7	0.561 8	0.741 9	0.606 8	0.525 4	0.765 2	0.976 7
2015	1	0.905 2	0.851 3	0.617 3	0.801 0	0.663 6	0.574 1	0.794 0	0.947 8
2016	1	0.909 1	0.882 6	0.666 7	0.809 0	0.696 1	0.632 7	0.841 9	0.946 7
2017	1	0.906 5	0.857 2	0.738 6	0.821 4	0.784 5	0.692 0	0.885 4	0.943 4
2018	1	0.904 0	0.863 3	0.819 7	0.879 8	0.845 2	0.794 9	0.921 0	0.934 5
2019	1	0.902 7	0.865 3	0.892 9	0.904 5	0.910 3	0.885 7	0.989 2	0.927 9
2020	1	0.905 2	1.000 0	0.925 9	0.952 7	0.946 7	0.911 8	0.855 6	0.802 4
2021	1	0.891 4	0.984 0	1.000 0	1.000 0	1.000 0	1.000 0	1.000 0	0.828 0

第二步，根据标准化处理后的数据和参考序列数据，利用公式 $|Y_0 - Y_i|$ 计算得到各个比较序列与参考序列差的绝对值序列（见表 5.17）。

表 5.17 产出指标各序列的绝对差

年份	Y_1	Y_2	Y_3	Y_4	Y_5	Y_6	Y_7	Y_8
2003	0.000 0	0.009 5	0.803 9	0.686 2	0.762 5	0.827 8	0.687 7	0.275 2
2004	0.003 1	0.221 9	0.767 4	0.666 7	0.716 0	0.798 7	0.664 0	0.240 8
2005	0.016 9	0.290 5	0.736 8	0.662 5	0.684 4	0.765 2	0.642 9	0.219 8

年份	Y_1	Y_2	Y_3	Y_4	Y_5	Y_6	Y_7	Y_8
2006	0.060 2	0.286 6	0.709 3	0.608 3	0.655 3	0.741 7	0.621 3	0.196 4
2007	0.076 5	0.301 1	0.673 2	0.560 1	0.607 7	0.710 3	0.578 3	0.132 1
2008	0.093 5	0.289 7	0.664 4	0.529 2	0.616 2	0.696 1	0.541 2	0.095 4
2009	0.096 0	0.277 6	0.637 7	0.495 3	0.587 2	0.655 6	0.505 1	0.059 9
2010	0.099 9	0.202 5	0.618 3	0.463 3	0.567 1	0.626 5	0.474 8	0.037 7
2011	0.103 6	0.211 6	0.586 8	0.383 1	0.544 9	0.602 6	0.418 4	0.017 8
2012	0.102 4	0.202 7	0.514 6	0.342 9	0.462 1	0.550 7	0.345 5	0.000 0
2013	0.102 4	0.157 0	0.473 7	0.306 0	0.408 3	0.507 9	0.294 0	0.012 2
2014	0.101 1	0.161 3	0.438 2	0.258 1	0.393 2	0.474 6	0.234 8	0.023 3
2015	0.094 8	0.148 7	0.382 7	0.199 0	0.336 4	0.425 9	0.206 0	0.052 2
2016	0.090 9	0.117 4	0.333 3	0.191 0	0.303 9	0.367 3	0.158 1	0.053 3
2017	0.093 5	0.142 2	0.261 4	0.178 6	0.215 5	0.308 0	0.114 6	0.056 6
2018	0.096 0	0.136 7	0.180 3	0.120 2	0.154 8	0.205 1	0.079 0	0.065 5
2019	0.097 3	0.134 7	0.107 1	0.095 5	0.089 7	0.114 3	0.010 8	0.072 1
2020	0.094 8	0.000 0	0.074 1	0.047 3	0.053 3	0.088 2	0.144 4	0.197 6
2021	0.1086	0.006 6	0.803 9	0.686 5	0.762 5	0.827 8	0.687 7	0.103 2

第三步，在所有的绝对差序列里面找到最大值 max = 0.827 8 和最小值 min = 0，并利用灰色关联系数计算公式（分辨系数取 0.5）计算灰色关联系数（见表5.18）。

表 5.18　产出指标各序列的灰色关联系数

年份	Y_1	Y_2	Y_3	Y_4	Y_5	Y_6	Y_7	Y_8
2003	1.000 0	0.977 6	0.339 9	0.376 2	0.351 8	0.333 3	0.375 7	0.600 6
2004	0.992 5	0.650 9	0.350 4	0.383 0	0.366 3	0.341 3	0.384 0	0.632 1
2005	0.960 8	0.587 6	0.359 7	0.384 5	0.376 8	0.351 0	0.391 6	0.653 2
2006	0.873 0	0.590 9	0.368 5	0.404 9	0.387 1	0.358 2	0.399 8	0.678 1
2007	0.844 0	0.578 8	0.380 7	0.424 9	0.405 1	0.368 2	0.417 2	0.758 1
2008	0.815 7	0.588 2	0.383 8	0.438 8	0.401 8	0.372 9	0.433 4	0.812 6

表5.18(续)

年份	Y_1	Y_2	Y_3	Y_4	Y_5	Y_6	Y_7	Y_8
2009	0.811 7	0.598 5	0.393 6	0.455 2	0.413 4	0.387 0	0.450 4	0.873 5
2010	0.805 6	0.671 5	0.401 0	0.471 8	0.421 9	0.397 8	0.465 7	0.916 4
2011	0.799 7	0.661 7	0.413 6	0.519 3	0.431 7	0.407 2	0.497 3	0.958 9
2012	0.801 7	0.671 2	0.445 8	0.546 9	0.472 5	0.429 1	0.545 0	1.000 0
2013	0.801 7	0.725 0	0.466 3	0.574 9	0.503 4	0.449 0	0.584 7	0.971 3
2014	0.803 6	0.719 5	0.485 7	0.615 9	0.512 8	0.465 8	0.638 0	0.946 7
2015	0.813 7	0.735 7	0.519 6	0.675 3	0.551 6	0.492 8	0.667 7	0.888 1
2016	0.819 9	0.779 0	0.553 9	0.684 3	0.576 6	0.529 2	0.723 6	0.886 0
2017	0.815 7	0.743 5	0.612 9	0.698 6	0.657 6	0.573 3	0.783 2	0.879 7
2018	0.811 7	0.751 7	0.696 5	0.774 9	0.727 8	0.668 6	0.839 6	0.863 4
2019	0.809 6	0.754 4	0.794 4	0.812 5	0.821 8	0.783 6	0.974 5	0.851 6
2020	0.813 7	1.000 0	0.848 2	0.897 4	0.885 9	0.824 3	0.741 1	0.676 9
2021	0.792 1	0.984 4	0.339 9	0.376 2	0.351 8	0.333 3	0.375 7	0.800 4

第四步，根据灰色关联度的计算公式，可以得到死亡率、甲乙类法定报告传染病发病率、婴儿死亡率、孕产妇死亡率、5岁以下儿童死亡率、新生儿死亡率、医院诊疗人数和病床使用率8个指标的灰色关联度分别是0.841 4、0.724 8、0.481 8、0.553 5、0.506 2、0.466 7、0.562 6和0.823 6，权重系数分别是0.169 6、0.146 1、0.097 1、0.111 6、0.102 0、0.094 1、0.113 4和0.166 0。

三、支出效率估计结果

（一）算法说明

若要利用灰色关联约束锥的DEA模型对财政医疗卫生支出进行有效性评价，关键是得到约束锥。依据以上计算得到的投入和产出的各个指标的权系数，我们可以构建投入指标系数矩阵A和产出指标系数矩阵B，其中：

$A = \begin{bmatrix} 0.222\ 2 & 0.217\ 3 & 0.223\ 7 & 0.336\ 8 \end{bmatrix}$

$B = \begin{bmatrix} 0.169\ 6 & 0.146\ 1 & 0.097\ 1 & 0.111\ 6 & 0.102\ 0 & 0.094\ 1 & 0.113\ 4 \\ 0.166\ 0 \end{bmatrix}$

进而得到一个有 $Av \geqslant 0$，$v = (v_1, v_2, \cdots v_m) \geqslant 0$ 以及 $B\mu \geqslant 0$，$u = (u_1, u_2, \cdots, u_s) \geqslant 0$ 构成的灰色关联闭凸锥，用这个关联约束锥和锥比率的 DEA 结合就可以进行计算。

由于灰色关联约束 DEA 模型本身并不直观和具体，不能直接进行编程计算，所以需要进行变换，根据权重约束集的形式[①]，可以把决策单元的输入和输出数据由 (x_i, y_i) 变换成 $(f(x_i), g(y_i))$，再用"典型"的 DEA 模型计算程序进行计算[②]。依据计算的投入和产出的指标权重系数，先把多指标转换成单项指标，在运用软件工具编程以后，计算出 2003—2021 年财政医疗卫生支出的总技术效率 θ^*、纯技术效率 δ^* 和规模效率 ρ^*，并且以总技术效率为标准进行排名。

（二）估算结果

表 5.19 是根据投入和产出的权重系数计算出的投入和产出的综合值，从表 5.19 中可以看出，投入综合值从 2003 年的 0.401 4 增加到 2021 年的 0.679 7，投入综合值总体呈增长趋势。产出综合值总体呈增长趋势，产出综合值从 2003 年的 0.564 6 增加到 2021 年的 0.950 7，增加了将近一倍；2012—2021 年的产出综合值均在 0.7 以上，明显好于 2003—2011 年的产出综合值，凸显了党的十大以来医疗卫生事业取得显著效果。表 5.20 为财政医疗卫生支出效率值及排名。

表 5.19 投入和产出的综合值

年份	产出	投入	年份	产出	投入
2003	0.564 6	0.401 4	2013	0.754 7	0.572 1
2004	0.554 6	0.402 5	2014	0.772 7	0.563 7
2005	0.558 0	0.430 0	2015	0.796 4	0.583 6
2006	0.571 4	0.446 6	2016	0.821 4	0.584 4
2007	0.598 8	0.442 6	2017	0.844 6	0.545 8
2008	0.612 6	0.483 7	2018	0.877 9	0.545 8
2009	0.637 1	0.481 4	2019	0.909 6	0.587 9
2010	0.664 8	0.534 9	2020	0.908 6	0.576 6
2011	0.689 1	0.541 8	2021	0.950 7	0.679 7
2012	0.726 6	0.536 6			

---

① 魏权龄. 评价相对有效性的方法 [M]. 北京：中国人民大学出版社，1998：1-2.

② 马占新. 数据包络分析模型与方法 [M]. 北京：科学出版社，2010：122.

表 5.20 财政医疗卫生支出效率值及排名

时间	总技术效率（θ^*）		纯技术效率（δ^*）		规模效率（ρ^*）		规模报酬
	效率值	排名	效率值	排名	效率值	排名	
2003	0.874	5	1	1	0.874	16	递增
2004	0.857	8	0.997	5	0.859	19	递增
2005	0.807	15	0.933	9	0.864	18	递增
2006	0.795	16	0.906	10	0.878	15	递增
2007	0.841	12	0.942	8	0.892	14	递增
2008	0.787	18	0.876	15	0.899	13	递增
2009	0.823	13	0.903	11	0.911	12	递增
2010	0.773	19	0.837	19	0.923	11	递增
2011	0.791	17	0.847	18	0.934	10	递增
2012	0.842	11	0.887	13	0.949	9	递增
2013	0.820	14	0.855	17	0.959	8	递增
2014	0.852	9	0.882	14	0.966	7	递增
2015	0.848	10	0.871	16	0.974	6	递增
2016	0.874	5	0.889	12	0.983	3	递增
2017	0.962	3	0.972	7	0.99	2	递增
2018	1	1	1	1	1	1	不变
2019	0.962	3	0.985	6	0.976	5	递减
2020	0.980	2	1	1	0.980	4	递减
2021	0.870	7	1	1	0.870	17	递减
均值	0.861		0.925		0.931		

　　从总技术效率上看，效率平均值为 0.861，2018 年的总技术效率值最高，2010 年总技术效率值最低（0.773）。从效率变化趋势来看，呈现持续改善的趋势。2003—2009 年总技术效率平均值为 0.826 2，2010—2021 年的总技术效率平均值为 0.881 1，2016—2021 年总技术效率平均值为 0.941 3，不同阶段效率均值的增加显示了 2009 年的新医改和健康中国战略对支出效率的改善。从健康指标看，尽管死亡率维持在 7‰，但是与婴儿死亡率、

孕产妇死亡率等指标相比，2003—2018 年，婴儿死亡率、孕产妇死亡率、5 岁以下儿童死亡率和新生儿死亡率分别下降了 19.4‰、33/10 万、21.5‰和 14.1‰，总体绩效仍然处于上升态势。

从纯技术效率看，纯技术效率好于总技术效率，数据显示，2003 年、2018 年和 2021 年为 DEA 有效，纯技术效率平均值为 0.925，纯技术效率总体呈现不断改善的趋势。2003—2016 年，纯技术效率平均值为 0.901 8，呈下降趋势；2019—2021 年纯技术效率平均值为 0.991 4，呈上升趋势。

从规模效率看，规模效率值呈现先升后降变化。2003—2018 年，规模效率值从 0.874 增加到 1，这与政府增加投入，居民医疗保障体系完善和健康中国战略扎实推进有密切关系；2019—2021 年，规模效率值从 0.976 下降到 0.87，这可能是受新冠病毒感染的影响。

第三节　新时代财政医疗卫生支出综合绩效评价

一、二维绩效评价模型

无论是公平维度还是效率维度，都是从单一角度对财政医疗卫生支出绩效进行测度，不能从整体上反映支出绩效，而财政医疗卫生支出基于其职责和公共资金来源等的要求，要尽可能实现公平和兼顾效率。以下用前面建立的二维绩效评价框架模型对财政医疗卫生支出绩效进行描述，探讨财政卫生政策倾向变化，然后用灰色关联分析方法对绩效做出综合评价。

以财政医疗卫生支出公平维的评价值为纵轴，以财政医疗卫生支出效率维的评价值为横轴，就形成了一个由公平指数和效率指数组成的财政医疗卫生支出二维绩效评价模型（见图 5.2）。在图 5.2 中，45 度虚线表示公平和效率相等，即公平和效率兼顾；45 度虚线以上说明财政医疗卫生支出政策是公平优先；45 度虚线以下说明财政医疗卫生支出政策是效率优先；该虚线距离 1 越远，表明效率或公平度越差。

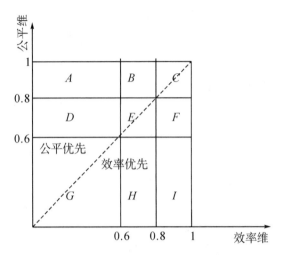

图 5.2 财政医疗卫生支出二维绩效评价模型

进一步细分，把效率和公平各自分成优（0.8~1）、中（0.6~0.8）和差（0~0.6）3 个等级，那么可以组成 9 个评价区域：A（差，优）、B（中，优）、C（优，优）、D（差，中）、E（中，中）、F（优，中）、G（差，差）、H（中，中）和 I（优，差）。其中，C 区域是最好的区域，这个区域里公平和效率度都很高；G 区域是最差的区域，公平和效率度都很差，亟待改进；E 区域是效率和公平度都处在中间的区域，有待往绩优区域调整；B 是处在公平度优效率度中的区域，政策导向要以提高效率为主；D 处于公平度中效率度差的区域，政策导向要以效率优先，兼顾公平；F 处在效率度优公平度中的区域，政策导向要在保持效率的同时提高公平；H 是效率度中公平度差的区域，政策导向不仅需要保障公平，还需要督促效率；I 是效率度优公平度差的区域，政策导向主要以保障公平为主。

二、二维绩效评价结果

根据计算出的 2003—2021 年的公平维度评价得分和效率值，我们可以构建财政医疗卫生支出二维绩效评价模型（见图 5.3）。

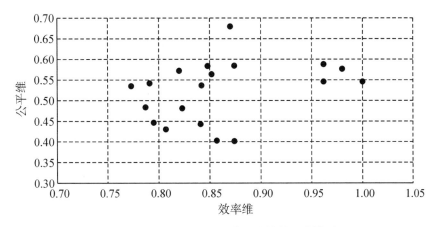

图 5.3　财政医疗卫生支出二维绩效评价模型

从图 5.3 可以看出，2003—2021 年财政医疗卫生支出绩效集中在 3 个区域：F、H 和 I。2021 年处于 F 区，表现是 F（优，中）的组合；2008年、2010 年和 2011 年处于 H 区，表现是 H（中，中）的组合，其余年份则处于 I 区，表现为 I（优，差）的组合。可见，提高财政卫生支出绩效的关键在于改善公平状况。近年来，财政医疗卫生支出的绩效表现为以效率为先的政策导向，不过也应该看到财政医疗支出的公平度有很大的改善，公平度得分从 2003 年的 0.4 增加到 2021 年的 0.68，健康公平度提高最多，卫生资源配置公平度还需要进一步提高。这表明，尽管政府一直在努力增加医疗卫生投入，调整优化结构，促使优质医疗资源向基层转移，但是长期形成的医疗资源配置结构难以快速调整，实现均等化并不能一蹴而就。从现在的分布情况来看，以后财政医疗卫生支出政策的调整着力点在基层，应在保持效率的前提下，促进增量医疗资源向基层倾斜，大力提高资源配置公平度，这不仅对于提高财政效率有利，还是公共财政为公共的本质要求，更是以人为本理念的体现。

三、绩效综合指数评价

（一）评价方法

二维九宫格绩效评价模型把公平和效率放在一个二维空间里，我们可以清楚看到财政医疗卫生支出政策倾向、公平和效率的变化趋势，但是没有提供一个综合评价指数，以下将对综合评价指数进行讨论。

根据二维绩效评价模型，综合绩效是由效率和公平两个维度决定的，缺少任何一方所进行的绩效评价都是片面的，为了对综合绩效进行评价，这里采用灰色关联法，根据灰色关联度确定公平维和效率维在综合评价中的权重，然后用权重乘以相应的得分，最后进行加总，从而得到一个综合评价值，根据综合评价值对 20 年来的绩效进行排序。

因此，这里用来计算的数据就是前面分别求出来的效率得分和公平得分，其中把描述效率 DEA 有效值作为效率得分，这样做的原因为：一是 DEA 本身衡量的就是效率，从而可以看出与最佳数值的差别；二是如果用效率值对以最有效率为基础进行标准化，得到的数值是一样的，只不过对于表示的意义而言有了一些差异。

（二）权重计算

要进行综合评价，我们需要事先知道指标的权重，根据灰色关联度的计算方法，首先需要进行标准化处理，然后求得参考序列与比较序列的绝对差，接着找到最大值和最小值，再利用灰色关联度系数公式计算灰色关联系数，进而得到关联度和系数。综合评价关联系数和权系数如表 5.21 所示。

表 5.21　综合评价关联系数和权系数

年份	公平	效率	年份	公平	效率
2003	0.333 3	0.619 0	2013	0.563 9	0.532 1
2004	0.334 2	0.588 7	2014	0.545 5	0.580 4
2005	0.357 9	0.514 7	2015	0.591 5	0.573 9
2006	0.373 8	0.499 6	2016	0.593 5	0.619 0
2007	0.369 9	0.562 8	2017	0.509 7	0.843 4
2008	0.415 2	0.490 1	2018	0.509 6	1.000 0
2009	0.412 3	0.536 3	2019	0.602 6	0.843 4
2010	0.490 2	0.474 2	2020	0.574 4	0.911 0
2011	0.502 4	0.494 8	2021	1.000 0	0.611 6
2012	0.493 1	0.564 4			
关联度	0.503 8	0.624 2	权重	0.446 7	0.553 3

（三）结果分析

把公平维度和效率维度的权系数与公平维度和效率维的评价值相乘，

我们可以得到财政医疗卫生支出绩效的综合绩效指数及排名（见表 5.22）。

表 5.22 财政医疗卫生支出综合评价及排名

年份	得分	百分制	排名	年份	得分	百分制	排名
2003	0.662 9	83	15	2013	0.709 3	89	9
2004	0.654 0	82	16	2014	0.723 2	90	8
2005	0.638 6	80	19	2015	0.729 9	91	7
2006	0.639 4	80	18	2016	0.744 6	93	6
2007	0.663 1	83	14	2017	0.776 1	97	5
2008	0.651 5	81	17	2018	0.797 1	100	2
2009	0.670 4	84	12	2019	0.794 9	99	3
2010	0.666 7	83	13	2020	0.799 8	100	1
2011	0.679 7	85	11	2021	0.785 0	98	4
2012	0.705 6	88	10				

从表 5.22 可以看出，财政医疗卫生支出综合绩效指数不断改善，2003—2011 年综合得分均值为 0.658 5，2012—2021 年综合得分均值为 0.756 6，两个阶段均值增加了 14.9%，从绩效及格水平的区域进入到绩效良好（75 分以上为良好）区域。综合指数排名和效率指数排名基本一致，都呈不断改善趋势。根据前面的结果，公平度虽有所改善，但是仍处在绩效差的区域，影响综合绩效提高的关键因素在于改善公平度，因此，财政医疗卫生支出政策调整重点应该是提高公平度绩效，缩小城乡之间医疗资源配置差距，给居民提供可及的医疗服务保障，以提高整体健康效果。

第六章　主要结论和政策建议

第一节　主要结论

一、财政医疗卫生支出显著增加

财政医疗卫生支出规模持续增加。绝对规模方面，2003—2020年名义政府卫生支出增长17.5倍，年均增长率为17.24%；2003—2021年实际政府卫生支出增长8.7倍，年均增长率为12.8%。2003—2020年名义人均财政卫生支出增长了15.93倍，年均增长率为16.63%；2003—2021年实际人均财政卫生支出增长约7.9倍，年均增长率为12.1%。相对规模方面，2003—2020年财政卫生支出占卫生费用比重增加了将近13个百分点，2009年后财政卫生支出在卫生费用的比重也稳定保持在30%左右，2003—2021年社会卫生支出占卫生费用的比重增加了将近18个百分点，2015—2021年社会卫生支出占卫生费用的比重保持在40%以上。

财政医疗卫生支出结构不断优化。卫生支出的政府负担方面，2007—2021年中央政府卫生支出和地方政府卫生支出比例稳定在3∶7的水平，即中央政府承担了30%左右的医疗卫生领域事权和支出责任，地方政府承担70%左右的事权和支出责任。卫生支出的城乡差异方面，2003—2021年城乡卫生技术人员数比、执业（助理）医师数比和医疗卫生机构床位数比缩小到1.5倍左右。卫生支出的不同区域差异方面，2007—2021年东部、中部和西部地区的人均财政医疗卫生支出分别增加了7倍、9倍和9倍，人均财政医疗卫生支出的年均增长率分别约为16.32%、18.86%和18.38%。

值得注意的是，财政医疗卫生支出占GDP比重仍有提升空间，财政卫生支出增长稳定长效机制有待建立健全，城乡卫生支出的差距仍能进一步缩小。

二、城乡居民健康水平显著提高

随着健康中国战略持续推进、医疗卫生体制改革的深化和财政投入持续增加，我国卫生健康事业步入高质量发展阶段，建成了世界最大的基本医疗保障制度，逐步实现了从以疾病控制为中心向以维护全民健康为中心的转变，提升了人民健康水平。

2010—2021 年，我国人均预期寿命从 74.83 岁提高到 78.2 岁，孕产妇死亡率从 30/10 万下降到 16.1/10 万，新生儿死亡率从 8.3‰下降至 3.1‰，婴儿死亡率从 5.0‰下降到 5.0‰。2015—2021 年，我国人均预期寿命从 76.34 岁提高到 78.2 岁，孕产妇死亡率从 21.8/10 万下降到 16.1/10 万，婴儿死亡率从 8.1‰降至 5.0‰，5 岁以下儿童死亡率从 10.7‰降至 7.1‰。居民就医负担显著减轻，职工医保和居民医保政策范围内住院费用统筹基金支付比例已经分别达到 80% 和 70% 左右。

2003—2021 年，城市新生儿死亡率从 8.9‰下降到 1.9‰，城市婴儿死亡率从 11.3‰下降到 3.2‰，城市孕产妇死亡率从 27.6/10 万下降到 15.4/10 万；农村新生儿死亡率从 20.1‰下降到 3.6‰，农村婴儿死亡率从 28.7‰下降到 5.8‰，农村孕产妇死亡率从 65.4/10 万下降到 16.5/10 万。农村婴儿死亡率、新生儿死亡率和孕产妇死亡率下降幅度要大于城市婴儿死亡率、新生儿死亡率和孕产妇死亡率的下降幅度，农村居民的健康水平提高幅度要大于城市居民的。居民健康状况的改善，受益于医疗资源供给增加和公平配置，以及医疗保障制度的建立和完善。

虽然，我国卫生健康事业取得显著成绩，但是，也要注意到，慢性、非传染性疾病已成为影响居民健康的主要因素，肝炎、结核病、艾滋病等重大传染病防控形势仍然严峻，精神卫生、职业健康、地方病等问题不容忽视。关于医疗优势资源配置不均衡，城乡医疗资源和健康水平差距较大，"看病难、看病贵"等问题仍需加大解决力度。

三、财政卫生支出绩效显著提升

支出不公平程度有所降低。配置不公平度由 2003 年的 2.84 缩小到 2021 年的 1.7。城乡健康不公平度由 2003 年的 2.38 下降到 2021 年的 1.5。健康公平一直处于不断改善的趋势，资源配置不公平度在 2007 年以后呈现下降趋势。总体上，财政卫生支出不公平度由 2003 年的 2.59 下降到 2021 年的 1.59，2003—2009 年财政卫生支出不公平度下降了 0.17，2010—2021 年财政卫生支出不公平度下降了 0.67。

支出公平绩效得分有待提高。从资源配置公平上看，城乡医疗卫生资源比下降比较明显，公平得分除了 2021 年之外，其余年份都在 0.6 以下；2009 年之后资源配置公平得分明显增加，从 2009 年的 0.369 7 增加到 2021 年的 0.630 2。从健康公平上看，城乡健康差距显著缩小，其表现明显好于资源配置公平；2003—2015 年，健康公平得分一直处于增加趋势；2016—2021 年，健康公平得分虽然有波动，但是仍然处于较高水平。从整体公平上看，整体公平得分处于不断增长趋势，除了 2021 年之外，其余年份整体公平得分都在 0.6 以下。整体公平性得分较低，重要原因为资源配置公平性需要进一步改善。

支出效率提高显著。从技术总效率上看，总体效率平均值为 0.861，2018 年的总技术效率值最高，2010 年总技术效率值最低（0.773），2003—2009 年总技术效率平均值为 0.826 2，2010—2021 年的总技术效率平均值为 0.881 1，2016—2021 年总技术效率值平均值为 0.941 3。不同阶段效率均值的增加显示了 2009 年的新医改和健康中国战略对支出效率的改善。从纯技术效率看，2003 年、2018 年和 2021 年为 DEA 有效，纯技术效率平均值 0.925，纯技术效率总体呈现不断改善的趋势。从规模效率看，规模效率值呈现先升后降变化，2003—2018 年规模效率值从 0.874 增加到 1，2019—2021 年规模效率值从 0.976 下降到 0.87。

卫生支出综合绩效指数不断改善。2003—2011 年综合得分均值为 0.658 5，2012—2021 年综合得分均值为 0.756 6，两个阶段均值增加了 14.9%，从绩效及格水平的区域进入到绩效良好（75 分以上为良好）区域。公平度虽有所改善，但是仍处在绩效差的区域，影响综合绩效提高的关键因素在于公平度的改善情况。因此，财政医疗卫生支出政策调整重点应该是提高公平度绩效，缩小城乡之间医疗资源配置差距，给居民提供可及的医疗服务保障体系，以提高整体健康效果。

第二节　政策建议

一、明确财政医疗卫生支出干预目标

（一）保护人民健康

健康是人类全面发展的基础和追求的永恒主题，保持良好的健康状况，不仅是发展的目的，也是提高劳动生产率、加速经济增长和促进社会发展的必要条件。高效的医疗健康体系是改善健康的重要保证，作为这一体系中的一个重要供给者，政府财政亟待提高其支出效率，以应对疾病侵袭给国民造成的健康损失。针对中国现实，优化财政医疗卫生支出绩效思路是坚持以人为本，以保证人人享有健康为目标，改善公平，强化激励和约束机制以提高效率，政治经济社会政策协调综合推进。

重新认识卫生支出属性，财政卫生支出不应被看作消费性支出和非生产型性支出，应该是生产性支出，支出效果是生产健康劳动力。健康是劳动力再生产的重要因素，没有医疗投入，就没有健康的身体。缺乏健康的劳动力，社会生产将不能有效进行，生产效率也将会大打折扣。健康和教育被称作人力资本的基石。我国是人口大国，但还不是人力资源强国，把巨大的人口优势转化为人口资源优势，不仅需要高质量的教育做支撑，还需要健康的身体做后盾。因此，转变对卫生支出的看法，是加大卫生投入的先决条件，如果坚持卫生支出是消费性支出的观点，就会缺乏投资健康的原动力，也会对社会和个人健康获得能力产生不利影响。

（二）实现城乡公平

2022 年我国城镇化率已经达到 65.22%，仍有 4.9 亿人生活在农村，政策的制定需要考虑这一基本现实。城市和农村的医疗需求有差异，实行一定的差别政策可以被理解，这也是公平理念的在卫生领域的体现之一，但是需要找到平衡。

疾病面前，人人平等，无论是穷人还是富人，乡村还是城市，都会遭受疾病的侵袭，为国民提供公平可及的基本医疗服务是政府的职责，居民有获得最基本的医疗服务的权利。对于农村居民来说，不利的经济地位和社会环境等使他们容易遭受疾病的困扰，他们对医疗的需求也更强烈，政府需要加大基本医疗服务的投入力度。

由于基本医疗服务的外部性，私人部门不愿意提供，政府需要及时介入，纠正市场失灵，调整卫生支出的方向，审视城乡之间的公平问题，公平对待城乡，实现城乡社会医疗保障协调发展。2014 年 12 月，习近平总书记在江苏镇江市世业镇卫生院考察时就提出"没有全民健康，就没有全面小康"。

从我国现有卫生资源配置来看，城乡医疗卫生资源差距仍然有缩小空间，城乡之间医疗服务能力还有差距，优势医疗资源集中的医院的医疗服务能力虽然有所提升，但仍旧不能满足人民的健康需要。

二、提高财政医疗卫生支出公平度

（一）提升基层卫生设施水平

给国民提供卫生保健服务，医疗卫生基础设施是前提，医疗设施为有效的保健服务保驾护航。统计显示，2021 年，万元以上设备总价值方面，医院是基层卫生机构的 13 倍；50 万元~99 万元的医疗设备台数，医院是基层卫生机构的 8.86 倍；100 万元以上的医疗设备台数，医院是基层卫生机构的 20.3 倍。由于设备落后，一些医疗项目无法开展，基层民众到市级医院就医，出现"基层医疗卫生机构病床闲置，城市医院病床过度使用"的现象。2021 年，乡镇卫生院的病床使用率为 48.17%，社区卫生服务中心（站）病床使用率为 43.05%，而医院的病床使用率是 74.6%。设备供给不足虽然不能完全解释城乡之间的健康差距，但是基层医疗卫生机构无法提供相应医疗服务项目也是一个不争的事实。

因此，建议政府重新调整配置政策，提升基层卫生设施水平。具体来说：一是增加对基层医疗卫生机构的投入，加强乡镇卫生院和社区卫生服务中心规范化建设，发展社区医院，健全临床科室设置和设备配备，使医疗卫生服务机构按照公益性的原则向民众提供安全、有效、方便、价廉的服务。二是通过转移支付、税收优惠等政策，为基层医疗卫生机构的基本建设、设备购置、人员经费、公共卫生业务经费提供财力。三是利用信息化的技术优势，建立国家卫生医疗服务诊断系统和专家库，适时对基层医疗卫生机构进行指导，实现城市资源远程服务基层民众，城乡服务资源共享。

（二）提升基层卫生服务能力

如果说基础医疗设施是开展医疗服务的基础，那么医务人员的数量和质量就是改善健康和提高绩效的关键因素。高素质的医务人才不仅可以迅速完成医疗服务，节约卫生资源，还是对病人最大的尊重和保护。高素质医务人员的缺乏影响了健康改善效果和卫生支出绩效的提高。因此，我们必须为基层医疗卫生事业培养人才，提升基层卫生服务能力。

人才可以自由流动，在经济利益的驱使下很多人会选择机会多、条件好的地方，而不愿到基层去，基层医疗卫生事业吸引和留住人才的关键在于切实提高人才的待遇，实行培养、引进、合作的方式，坚持来去自由的方针。具体来说：首先，搞好现有医疗人员的培训，提高他们专业素质，选派基层医疗人员到优质医院学习，配备导师，尽快提高基层医疗水平，医疗人员费用由财政支付；其次，提高基层医疗人员的收入水平，对在基层地区工作的医务人员提供特别补贴，以弥补放弃城市工作带来的福利损失；再次，设立财政专项资金，向愿意去基层服务的医疗人员提供学费代偿、服务补贴等政策，吸引医学专业毕业生到基层就业；最后，推行援助制，可以考虑把前往基层进行医疗服务作为晋升职称的必要条件，使医务人员到基层服务，提高基层医疗水平。

（三）降低个人卫生支出比重

公平筹资要求健康者和患者、不同收入和经济水平人群之间共担风险，以应对疾病和由疾病带来的高额费用负担的双重打击，保证居民获得公平的健康权利。我国卫生系统筹资主要来自政府税收、社会保险、商业保险、直接现金支出和其他卫生投入，直接表现为政府、个人和社会共同负担，公共筹资所占的比重越大，公共筹资公平性越好。

一是继续降低个人卫生负担比重。我国个人卫生支出比重已经从 2001 年 59.9% 下降到 2021 年的 27.6%，但是与高福利国家居民个人卫生支出占卫生总费用比重 10%~20% 相比，仍有差距。为更好保障国民健康，自付费用比例可以分阶段（比如说用 10 年的时间）下降到 15%~20% 水平。

二是继续增加财政对居民医疗的补贴力度，降低居民个人缴费比例。我国居民医保是由新型农村合作医疗和城镇居民医保合并而成，制度的成功离不开财政的补贴，这种诱导式渐进提高筹资水平的模式很快建立了居民医保体系。但是也应注意到，近些年缴费标准不断提高，已经引发诸多争议，众多民众呼吁降低缴费标准。以新型农村合作医疗为例，2004 年个人缴费标准是 10 元，财政补贴 70 元，筹资总额是 80 元，个人缴费金额占筹资额的比重为 12.5%；2004 年农村人均可支配收入 2 936 元，个人缴费金额占收入的0.34%。2022年时，个人缴费标准是350元，财政补贴610元，筹资总额是960元，个人缴费金额占筹资额的比重是36.45%；2022年，农村人均可支配收入是20 133元，个人缴费金额占收入的1.73%。缴费标准不断提高，参保率约有2%的下降。因此，建议个人缴费标准应该在一段时间内稳定在一定的水平，然后根据情况进行调整，而不要频繁调整。如果每年都提高筹资总额，建议由财政承担增量部分。

三、提高财政医疗卫生支出效率

（一）完善财政支出法律体系

财政资金属于公共资源，收入和支出都应该纳入法律的框架内，保护公共利益不受侵害。以法律的形式确定政府支出的范围和程序，使财政支出管理法制化，不仅可以实现对政府权力的制约，缩小政府支出膨胀规模，还可以提高财政资金的使用效率。

我国财政支出绩效管理的法律依据主要有2014年修正的《中华人民共和国预算法》、2020年10月实施的《中华人民共和国预算法实施条例》，以及财政部和其他部门颁布的一些部门规章和规范性文件。例如，2015年财政部印发了《中央部门预算绩效目标管理办法》，2021年财政部印发《第三方机构预算绩效评价业务监督管理暂行办法》，等等。但是支出绩效管理的法律框架体系尚不完整，法律约束力和强制力不足，无法形成预算硬约束，不能达到绩效评价的目的。

本书建议根据《中华人民共和国宪法》《中华人民共和国预算法》制定"财政支出管理法"，确定财政支出的原则、范围、法律责任、监督等内容，从总体上对财政支出进行规范。在此基础上，制定相关的单项财政支出法律法规，如"社会保障预算支出法""财政投资法""财政支出监督法""转移支付法"等。这样可以从法律上来明确各项财政支出中资金的来源、运用、方向、相关责任，以及各级政府具体的事权与责任等，便于进行监督和管理，有效地解决现在存在的事权财权界限不清、财政支出效率低下问题。

（二）推行财政医疗卫生支出绩效审计

绩效审计是对政府工作绩效、效果、经济性和效率进行的审计。财政医疗支出作为政府为公共服务提供的资金，应接受绩效审计的监督。独立的审计机关和审计人员，应依据国家相关法律规定，对政府履行公共责任，配置、管理、利用财政医疗支出资金的经济性、效率性、效果性进行审查、分析和评价。财政医疗卫生支出绩效审计的目的是促进财政医疗卫生资金的合理使用，减少财政资金浪费现象，提高资金使用效益，起到审计监督检查的作用。

推行财政卫生支出绩效审计，一是要建立完善的绩效审计指标框架和体系；二是要强化主体责任，可借鉴环境离任审计的方法，对官员履行财政卫生支出责任进行审计，并把其作为官员晋升和政绩考核指标。

（三）加快推进医共体建设

农村地区要突出县级医院县域龙头地位，以县域为单位推进紧密型县域医共体建设，建立责任、管理、服务、利益共同体；完善以医共体为单位的绩效考核，从就医和诊疗秩序、医疗卫生服务能力、医疗卫生资源利用、医保基金使用效能等方面考核医共体整体绩效。

城市地区要建立市级医院、区级医院、社区卫生服务机构、护理院、专业康复机构等组成的医疗联合体，形成以市带区、区社一体、多元化的发展模式，完善连续通畅的双向转诊服务路径。

（四）重视信息技术的支撑作用

我们要重视信息技术的支撑作用，建议如下：加快推进互联网、区块链、物联网、人工智能、云计算、大数据等在医疗卫生领域中的应用，适时建立国民医疗卫生健康管理系统，实现对个人健康数据终身管理；加快健康医疗数据安全体系建设，强化数据安全监测和预警，提高医疗卫生机构数据安全防护能力，加大对重要信息的保护力度；建立跨部门、跨机构公共卫生数据共享调度机制；推进医疗联合体内信息系统统一运营和互联互通；完善"互联网+医院+医生"模式，大力推行远程医疗服务，明确界定"互联网+医生"远程诊疗模式中医保支付的方式、模式，方便群众就医，降低群众就医负担。

四、多项政策联动

（一）加速实现教育公平

很多经验分析的结果都显示，教育是影响健康的一个重要因素。要缩小城乡教育差距，就要对教育资源进行重新配置，利用现有存量，优先配置增量，增加对农村教育基础设施的投入；改善农村教师待遇，使人才愿意来，留得住；公平配置高等教育资源，增加农村学生获得高等教育的机会；要提倡素质教育，重视健康教育，中国农村教育对健康教育的重视力度不够，由于升学的压力，体育、健康等课程没有很好地开展，学生身体素质受到影响。另外，要重视学前教育，因为学前教育对孩子们以后的人生轨迹和健康状况有一定影响，成人的许多问题可归根于早期的生活经历，比如肥胖、精神状况等。

（二）改善居民生活环境

居民健康与周围环境息息相关，改善居民生活环境，一要切实保证居民安全饮水，特别是农村地区和缺水地区，防止因饮用不洁净水而引发健康风险；二要保护好生态环境，禁止乱砍滥伐、过度开采等破坏生态环境的行为，防止环境恶化；三要加大污染治理力度，严控排放污染物等行为；四要强化食品安全，建立最严格的标准，实施最严格的监管，实行最严厉的处罚，严格追究责任，确保人民的饮食健康。

（三）把健康目标嵌入公共政策

财政、教育、住房、雇佣、交通和卫生等许多问题都可能影响健康和健康公平，因此促进健康公平的公共政策应该注重在各个层面上与其他领域进行协作。

公共政策不同，对健康的影响也不同，有的可能会促进健康状况的改善，而有的可能使其恶化，政府各个部门的政策应该相互融合，而不能冲突。卫生部门应该在合理规划和妥善组织的情况下，积极与其他部门协作，共同行动，把健康体现在政府所有的包括筹资和其他影响健康的社会、经济、政治因素的公共政策中，处理好卫生保健政策和其他政策目标不一致的问题，使所有的公共政策具有健康性。

要制定健康的公共政策，仅有卫生保健部门的协调是不够的，需要国家立法机构制定相应的法律来保证有法可依，建议设立专门协调机构来统一组织和协调，并把健康作为考核官员政绩的一个重要指标，这样才能更好地促进健康，解决供给失灵问题。

参考文献

［1］杰伊·巴塔查里亚，蒂莫西·海德，彼得·杜. 健康经济学［M］. 曹乾，译. 桂林：广西师范大学出版社，2019.

［2］《支持农村医疗卫生体系建设的财政政策研究》课题组，王恩奉，叶翠青. 支持农村医疗卫生体系建设的财政政策研究［J］. 财政研究，2008（3）：18-24.

［3］阿马蒂亚·森. 以自由看待发展［M］. 任颐，于真，译. 北京：中国人民大学出版社，2003.

［4］包国宪，鲍静. 政府绩效评价与行政管理体制改革［M］. 北京：中国社会科学出版社，2008.

［5］财政部. 2023 年政府收支分类科目［M］. 上海：立信会计出版社，2022.

［6］曾眆珉，廖彬彬，张琼. 突发性公共卫生应急资金绩效评价研究：基于新冠病毒感染疫情的思考［J］. 财政监督，2022（10）：59-62.

［7］陈东，王小霞. 我国农村医疗卫生的投入效率：地区趋同与门槛效应［J］. 农业技术经济，2010（9）：122-128.

［8］陈共，王俊. 论财政与公共卫生［M］. 北京：中国人民大学出版社，2007.

［9］陈先森，吴天宏. 完善基层医药卫生体制综合改革财政政策研究［J］. 财政研究，2010（12）：19-21.

［10］程琳，廖宇岑. 地方政府医疗卫生支出效率及其影响因素分析：基于异质性随机前沿模型［J］. 中国卫生经济，2015，34（1）：16-18.

［11］程晓明. 卫生经济学［M］. 北京：人民卫生出版社，2003.

［12］崔志坤，张燕. 财政分权与医疗卫生支出效率：以江苏省为例

[J]. 财贸研究, 2018, 29 (9): 76-84.

[13] 代英姿, 王兆刚. 中国地方财政卫生支出区域差异研究 [J]. 辽宁大学学报 (哲学社会科学版), 2012, 40 (6): 47-54.

[14] 《中国职业医学》编辑部. 党的十八大以来健康中国建设与职业健康工作回顾 [J]. 中国职业医学, 2022, 49 (6): 596.

[15] 邓剑伟, 田慧琳, 孙阳阳, 等. 新医改背景下如何评价医疗服务质量: 基于通用评估框架的探索与应用 [J]. 人口与发展, 2020, 26 (1): 68-75.

[16] 邓晓岚, 余翔彬, 王琳. 政府审计、财政透明度与公共卫生支出效率 [J]. 西安电子科技大学学报 (社会科学版), 2022, 32 (4): 54-66.

[17] 翟铁民, 张毓辉, 万泉, 等. 基于"卫生费用核算体系 2011"的中国卫生费用核算方法学研究 [J]. 中国卫生经济, 2015, 34 (3): 9-11.

[18] 翟铁民, 张毓辉, 万泉, 等. 卫生费用核算新体系: SHA2011 介绍 [J]. 中国卫生经济, 2013, 32 (1): 13-15.

[19] 范柏乃, 张电电. 医疗卫生财政支出对经济增长贡献的时空差异: 基于 1997—2012 年 30 个省级地区面板数据分析 [J]. 华东经济管理, 2014, 28 (5): 56-59.

[20] 龚锋, 卢洪友. 财政分权与地方公共服务配置效率: 基于义务教育和医疗卫生服务的实证研究 [J]. 经济评论, 2013 (1): 42-51.

[21] 官永彬. 新医改以来我国医疗卫生财政支出效率评价: 2009—2011 [J]. 中共南京市委党校学报, 2015 (1): 20-27.

[22] 郭捷, 孙子旭, 杨立成. 我国医疗卫生效率的区域差异及其动态演进研究: 基于两阶段视角的实证分析 [J]. 卫生经济研究, 2021, (6): 18-22, 27.

[23] 郭敏. 中国式财政分权对地方政府医疗卫生支出规模的影响 [D]. 济南: 山东财经大学, 2018.

[24] 郭岩. 卫生事业管理 [M]. 北京: 北京大学出版社, 2003.

[25] 韩华为, 苗艳青. 地方政府卫生支出效率核算及影响因素实证研究: 以中国 31 个省份面板数据为依据的 DEA-Tobit 分析 [J]. 财经研究, 2010, 36 (5): 4-15, 39.

[26] 侯石安, 刘朔涛. 健康人力资本、财政医疗卫生支出与财政政

策选择：基于中国重大疾病谱变化视角的实证研究［J］．经济经纬，2017，34（4）：141-146.

［27］胡善联．医疗卫生领域财政事权和支出责任划分研究：基于卫生经济学理论［J］．卫生经济研究，2018（10）：3-5.

［28］胡瑶琳，余东雷，王健．"健康中国"背景下的健康医疗大数据发展［J］．社会科学家，2022（3）：79-87.

［29］胡玉杰，彭徽．财政分权、晋升激励与农村医疗卫生公共服务供给：基于我国省际面板数据的实证研究［J］．当代财经，2019（4）：39-48.

［30］黄建始．什么是公共卫生［J］．中国健康教育，2005（1）：19-21.

［31］黄萍，黄万华．公共行政支出绩效管理［J］．红旗文摘，2003（22）：10-12.

［32］黄永昌．中国卫生国情［M］．上海：上海医科大学出版社，1994.

［33］江芹，胡善联．公共卫生领域中的伦理学［J］．中国医学伦理学，2003（1）：11-12.

［34］姜竹，吴起砚，王天佳．基于中国式分权的地方医疗卫生财政支出效率研究［J］．地方财政研究，2021（10）：42-51.

［35］蒋团标，刘慧．中国财政医疗卫生支出规模差异及影响因素分析［J］．统计与决策，2019，35（17）：111-115.

［36］蓝相洁．中国医疗卫生财政支出城乡非均等性的实证研究［J］．重庆大学学报（社会科学版），2016，22（4）：11-18.

［37］乐虹．基于服务属性的医疗质量研究［D］．武汉：华中科技大学，2006.

［38］黎元生，薛靖．我国医疗卫生财政支出的收入增长效应及空间异质性［J］．福建师范大学学报（哲学社会科学版），2016（3）：26-33，167.

［39］李玲，傅虹桥，胡钰曦．从国家治理视角看实施健康中国战略［J］．中国卫生经济，2018，37（1）：5-8.

［40］李强谊，钟水映．我国财政医疗卫生支出的空间差异及分布动态演进：基于Dagum基尼系数分解与Kernel密度估计的实证研究［J］．财经论丛，2016（10）：19-28.

［41］李文军．区域财政医疗卫生支出演进与收敛性研究：1996—2015

[J]．兰州学刊，2018（4）：121-133．

[42] 李晓嘉，蒋承，胡涟漪．财政医疗卫生支出对中国健康多维贫困的影响研究 [J]．中国人口科学，2020（4）：84-97，128．

[43] 李学全，李松仁，韩旭里．灰色系统理论研究：灰色关联度 [J]．系统理论工程与实践，1995（11）：91-95．

[44] 李杨，刘畅．浙江省医疗卫生支出效率及其影响因素分析 [J]．中国卫生统计，2019，36（6）：916-918，922．

[45] 李依梦．我国公共卫生财政支出公平性研究：基于省际面板数据分析 [J]．广西质量监督导报，2019（6）：23．

[46] 李玉娇．转型期公共财政对中国医疗卫生事业的投入问题及优化策略研究：对新医改的政策效果评估以及未来展望 [J]．财政监督，2013（12）：58-64．

[47] 李郁芳，王宇．中国地方政府医疗卫生支出效率及影响因素研究 [J]．海南大学学报（人文社会科学版），2015（3）：41-49．

[48] 李忠民，李剑，姚宇．中国省际医疗财政支出效率比较研究：基于 DEA—Malmqusit 指数分析法 [J]．统计与信息论坛，2011，26（8）：73-77．

[49] 林鸿潮．美国《政府绩效与结果法》述评 [J]．行政法学研究，2005（2）：100-106．

[50] 刘成奎．新冠病毒感染疫情后中国应对突发公共卫生事件的财政政策思考 [J]．财政监督，2020（9）：13-17．

[51] 刘继同，吴明．"健康中国"国家发展战略与卫生财政学研究议题 [J]．湖南财政经济学院学报，2017，33（5）：5-19．

[52] 刘继同．中国社会医疗保险制度40年的历史经验、结构困境与改革方向 [J]．人文杂志，2019（3）：20-29．

[53] 刘继同．中国医药卫生体制改革发展与新型卫生保健体系的政策涵义 [J]．社会保障研究，2013，17（1）：125-134．

[54] 刘佳慧，赵合云，刘珊．政府质量对地方财政医疗卫生支出效率的影响：基于 DEA-Tobit 模型的实证研究 [J]．经济研究参考，2021（19）：43-55．

[55] 刘景章，王晶晶．广东省公共卫生支出效率及其影响因素研究 [J]．产经评论，2015，6（5）：148-160．

［56］刘利欢. 我国医疗卫生领域财政事权和支出责任划分研究［J］. 中国管理信息化, 2019, 22 (14)：133-134.

［57］刘穷志, 郝珺. 基于三阶段 DEA-Malmquist 的我国公共卫生财政支出效率评价［J］. 统计与决策, 2021, 37 (21)：154-158.

［58］刘思峰. 灰色系统理论及其应用［M］. 北京：科学出版社, 2008.

［59］刘文玉. 中国财政分权对政府卫生支出效率的影响：基于省级面板数据的分析［J］. 经济问题, 2018 (6)：45-52.

［60］刘旭涛. 政府绩效管理：制度、战略与方法［M］. 北京：机械工业出版社, 2003.

［61］刘运国, 张亮, 姚岚. 初级卫生保健机构绩效评价［M］. 北京：中国财政经济出版社, 2007.

［62］陆庆平. 公共财政支出的绩效管理［J］. 财政研究, 2003 (4)：56-65.

［63］陆忠, 李矢禾. 医院管理词典［M］. 北京：人民卫生出版社, 1987.

［64］吕锋. 灰色系统关联度之分辨系统的研究［J］. 系统工程理论与实践, 1997 (6)：49-54

［65］吕卓鸿. 基于经济伦理学角度对我国卫生制度的考察与建议［J］. 中国卫生资源, 2004 (3)：105-107.

［66］马宝成. 试论政府绩效评估的价值取向［J］. 中国行政管理, 2001 (5)：18-20.

［67］马蔡琛, 桂梓椋. 基于逻辑模型视角的预算绩效指标建设［J］. 地方财政研究, 2019 (11)：53-61.

［68］马蔡琛, 赵笛. 大数据时代的预算绩效指标框架建设［J］. 中央财经大学学报, 2019 (12)：3-12.

［69］马敬仁, 杨卓如. 现代政府绩效评价：中国问题与策略［J］. 公共行政, 2005 (8)：15.

［70］马占新. 数据包络分析模型与方法［M］. 北京：科学出版社, 2010.

［71］宁晶, 顾昕. 经济全球化能促进地方财政医疗卫生支出增长吗？［J］. 财经问题研究, 2021 (7)：94-101.

[72] 宁小花，张居营. 财政分权与地方公共卫生支出：基于不同口径指标与省级面板数据的实证分析 [J]. 中国卫生经济，2018，37（6）：16-20.

[73] 牛帅，韩民春. 我国医疗资源配置的全要素生产率研究 [J]. 中国卫生经济，2016（9）：59-61.

[74] 裴金平，刘穷志. 中国财政医疗卫生支出的泰尔差异与效率评价 [J]. 统计与决策，2017（24）：80-84.

[75] 裴育. 关于公共卫生危机与财政政策的思考 [J]. 公共财政研究，2020（2）：4-10.

[76] 彭冲，汤二子. 财政分权下地方政府卫生支出的竞争行为研究 [J]. 财经研究，2018，44（6）：94-108.

[77] 彭国甫. 对政府绩效评估几个问题的反思 [J]. 湘潭大学学报（哲学社会科学版），2004（5）：6-11.

[78] 普雷姆詹德. 公共支出管理 [M]. 王卫星，译. 北京：经济科学出版社，2002.

[79] 申鑫，韩春艳，甘勇，等. 基于 DRG 的医疗服务绩效评价体系构建研究 [J]. 中国卫生政策研究，2020，13（3）：77-82.

[80] 沈霞，张洗璃，陈顺芯. 财政医疗卫生支出绩效评价研究动态：基于 Citespace 的计量分析 [J]. 行政事业资产与财务，2022（23）：12-14.

[81] 世界卫生组织. 2000 年世界卫生报告 [M]. 王汝宽，译. 北京：人民卫生出版社，2000.

[82] 孙琳，高司民. 公共卫生投入与预算绩效评价：基于新冠病毒感染疫情的视角 [J]. 财经智库，2020，5（2）：51-82，142.

[83] 孙慕义. 后现代卫生经济伦理学 [M]. 北京：人民出版社，1999.

[84] 孙群力. 地方财政卫生支出的影响因素研究 [J]. 中南财经政法大学学报，2011（5）：80-84，144.

[85] 孙蕊，高正斌. 甘肃省医疗卫生财政支出效率及其影响因素研究 [J]. 经济研究参考，2016（17）：40-47.

[86] 陶春海. 中国医疗服务生产效率评价研究 [D]. 南昌：江西财经大学，2010.

[87] 田时中，童梦梦，李晓悦. 财政支出、政府竞争与医疗卫生服

务水平：基于省级面板熵值 tobit 模型的实证分析［J］. 云南财经大学学报，2022，38（8）：19-36.

［88］汪小勤，曾瑜. 地方政府财政分权程度对卫生支出效率的影响：基于面板数据的 Tobit 模型分析［J］. 中国卫生经济，2016，35（6）：40-42.

［89］王宝顺，刘京焕. 中国地方公共卫生财政支出效率研究：基于 DEA-Malmquist 指数的实证分析［J］. 经济经纬，2011（6）：136-140.

［90］王冰，赵凌燕. 地方财政医疗卫生支出效率评价体系构建［J］. 山东工商学院学报，2014，28（6）：77-82，88.

［91］王宏艳，王宏曼. 从现代公共卫生内涵探寻我国公共卫生建设之路［J］. 中国公共卫生管理，2005（6）：455-457.

［92］王俊. 政府卫生支出有效机制的研究：系统模型与经验分析［M］. 北京：中国财政经济出版社，2007.

［93］王丽，王晓洁. 京津冀协同背景下公共医疗卫生支出绩效差异实证分析［J］. 中央财经大学学报，2015（4）：3-10.

［94］王庆，韩朝升. 人口发展、财政投入与地方医疗卫生支出效率［J］. 贵州师范大学学报（社会科学版），2021（3）：100-107.

［95］王伟. 我国农村医疗卫生服务供给效率研究［D］. 济南：山东大学，2017.

［96］王小倩，侯曼麒. 健康中国视角下卫生健康诉求的变化［J］. 思想战线，2023，49（1）：146-155.

［97］王雍君. 预算绩效评价：如何评价医疗卫生项目绩效？［J］. 财政监督，2021（1）：44.

［98］王泽彩，刘婷婷，赵蕊. 公共卫生应急管理财政政策的国际借鉴［J］. 中国财政，2020（10）：38-42.

［99］魏权龄，岳明. DEA 概论与 C^2R 模型：数据包络分析（一）［J］. 系统工程理论与实践，1989（1）：58-69.

［100］魏权龄. 评价相对有效性的方法［M］. 北京：中国人民大学出版社，1998.

［101］吴迪. 浅析我国卫生事业的公益性［J］. 社会观察，2015（3）：365-366.

［102］吴宁，石丹阳. 新时代中国特色社会主义健康中国［J］. 社会科学家，2022（12）：30-37.

[103] 吴韶嫣, 李跃平. "健康中国"建设中各省市健康政策研究 [J]. 中国公共卫生, 2019, 35 (9): 1105-1109.

[104] 武广华, 臧益秀, 刘运祥, 等. 中国卫生管理辞典 [M]. 北京: 中国科学技术出版社, 2001.

[105] 习近平. 把握新发展阶段, 贯彻新发展理念, 构建新发展格局 [J]. 求是, 2021 (9): 4-18.

[106] 肖海翔, 曹天舒, 唐李伟. 政府卫生支出健康效率测算及分析 [J]. 中国卫生政策研究, 2014, 7 (11): 71-77.

[107] 肖海翔, 周帆, 邵彩霞. 地方政府卫生支出效率核算及影响因素分析 [J]. 统计与决策, 2011 (23): 80-83.

[108] 谢熠, 谢瑜. 健康中国视域下健康治理的现实挑战与对策研究 [J]. 卫生经济研究, 2022, 39 (11): 1-3, 7.

[109] 徐颖科. 中国农村初级卫生保健供给失灵与对策 [J]. 未来与发展, 2010 (5): 103.

[110] 薛钢, 明海蓉. 新冠疫情视角下的医疗卫生财政制度优化研究 [J]. 财政监督, 2020 (9): 25-30.

[111] 薛阳, 薛湘艺, 牛子正, 等. 我国省际医疗卫生财政支出效率测度研究 [J]. 价格理论与实践, 2022 (12): 106-109, 202.

[112] 亚洲开发银行. 公共支出管理 [M]. 北京: 经济科学出版社, 2001.

[113] 杨春瑜. 公立医院预算绩效模糊综合评价 [J]. 社会科学家, 2019 (5): 68-73.

[114] 姚建红. 坚持健康优先, 建设健康中国 [J]. 红旗文稿, 2023 (2): 44-48.

[115] 叶云, 田时中. 省级公共医疗卫生供给绩效评估实证研究: 基于全面绩效管理的视角 [J]. 重庆工商大学学报 (自然科学版), 2019, 36 (5): 97-104.

[116] 于本海, 汪婷, 何闯, 等. 基于三阶段 DEA 我国医疗卫生服务体系效率测度研究 [J]. 管理评论, 2021 (6).

[117] 于金娜. 地方人均财政医疗卫生支出空间非均等化研究: 基于相对剥夺理论的视角 [J]. 华东经济管理, 2018, 32 (9): 116-122.

[118] 俞佳立, 杨上广. 长三角医疗卫生支出效率的时空演化研究

[J]. 地理科学, 2020, 40 (9): 1429-1438.

[119] 俞佳立, 杨上广, 钱芝网. 财政分权与地方财政医疗卫生支出效率 [J]. 北京理工大学学报 (社会科学版), 2023, 25 (1): 172-188.

[120] 臧芝红, 孙玉栋. 完善我国财政卫生投入政策的对策与建议 [J]. 经济研究参考, 2017 (24): 16-17.

[121] 张峰. 财政透明程度对政府医疗卫生支出效率的影响研究 [J]. 价格理论与实践, 2022 (12): 28-33.

[122] 张凤, 任天波, 王俏荔. 公共医疗卫生支出效率及其影响因素研究: 以宁夏为例 [J]. 中国卫生事业管理, 2018, 35 (6): 428-432.

[123] 张加奇, 李玲, 毛宇凡, 等. 新征程中我国卫生总费用核算的新特点、新问题及对策思考 [J]. 卫生经济研究, 2023, 40 (6): 7-10.

[124] 张睿, 别荣海. 新医改背景下河南省财政医疗卫生支出演进及区域差异的实证研究 [J]. 中国卫生政策研究, 2022, 15 (2): 40-45.

[125] 张树江. 我国地方政府间财政支出竞争的实证研究: 基于医疗卫生支出的空间计量分析 [J]. 经济研究参考, 2015 (65): 30-33.

[126] 张硕. 河北省地方政府卫生支出效率实证研究 [J]. 经济研究参考, 2014 (16): 36-40.

[127] 张鑫, 杨林. 我国财政卫生支出对医疗费用控制政策实效的异质性研究 [J]. 宁夏社会科学, 2020 (2): 72-81.

[128] 张兴, 龚双红. 论公共财政医疗卫生支出结构对卫生资源配置效率的影响 [J]. 岭南学刊, 2014 (5): 101-106.

[129] 张怡青, 王高玲. 基于熵权-TOPSIS 法的我国基层医疗卫生机构服务能力差异性分析 [J]. 中国卫生事业管理, 2018, 35, (7): 509-512.

[130] 张永光, 张艳梅, 李伟明, 等. 卫生健康财政资金绩效管理研究: 以防治艾滋病资金为例 [J]. 卫生经济研究, 2022, 39 (12): 13-16.

[131] 张振忠. 中国卫生费用核算研究报告 [M]. 北京: 人民卫生出版社, 2009.

[132] 张仲芳. 财政分权、卫生改革与地方政府卫生支出效率: 基于省际面板数据的测算与实证 [J]. 财贸经济, 2013 (9): 28-42.

[133] 郑超, 王新军, 孙强. 政府卫生支出的健康绩效研究: 基于中国老年健康调查 (CLHLS) 数据的评估 [J]. 世界经济文汇, 2022 (3): 103-120.

[134] 郑喜洋, 申曙光. 财政卫生支出：提升健康与降低费用：兼论企业医保降费 [J]. 经济管理, 2019, 41 (1)：5-21.

[135] 周焕, 贺俊, 刘亮亮. 财政分权视角下的公共卫生支出问题研究 [J]. 中国卫生经济, 2016, 35 (6)：36-39.

[136] 周子超. 中国省级政府医疗卫生支出效率及其影响因素研究：基于新冠疫情背景下的反思 [J]. 经济问题探索, 2021 (2)：49-65.

[137] 朱德云, 袁月, 高平. 财政分权对地方财政医疗卫生支出效率的非线性影响 [J]. 财经科学, 2020 (8)：118-132.

[138] 朱凤梅, 朱恒鹏. 财政分权、卫生支出与医疗资源配置：基于2010—2019 年中国省市两级面板数据的分析 [J]. 当代经济研究, 2022 (6)：104-118.

[139] 朱恒鹏, 岳阳, 续继. 政府财政投入模式对医疗费用的影响 [J]. 经济研究, 2021, 56 (12)：149-167.

[140] 朱恒鹏. 医疗卫生财政投入机制与国家治理体系现代化：学习党的十九届四中全会《决定》的体会 [J]. 经济学动态, 2019 (12)：3-14.

[141] 朱慧劼, 风笑天. "健康中国" 背景下的健康不平等 [J]. 学习与实践, 2018 (4)：91-98.

[142] 朱坤, 刘尚希, 杨良初. 新世纪中国卫生财政支出分析 [J]. 财政科学, 2022 (1)：5-15.

[143] 朱立言, 张强. 美国政府绩效评估的历史演变 [J]. 湘潭大学学报 (哲学社会科学版), 2005 (1)：1-7.

[144] 朱萍. 健康扶贫 "成绩单"：近 1 000 万因病致贫返贫户脱贫 [EB/0L]. (2021-02-26) [2023-03-01]. https://m. 21jingji. com/article/20210226/6591cc3e074800fddff7af9b7deaec7b.html.

[145] 朱志刚. 公共支出绩效评价研究 [M]. 北京：中国财政经济出版社, 2003.

[146] 庄琦. 始终把人民健康放在优先发展的战略地位：党的十八大以来健康中国行动的成就与经验 [J]. 管理世界, 2022, 38 (7)：24-37.

[147] INSTITUTE OF MEDICINE. The future of public health [M]. Washington D C：National Academy Press, 1988.

[148] ANISAH A. Fiscal decentralization and government expenditure effi-

ciency in Indonesia: a Malmquist productivity index [J]. Expert Journal of Economics, 2019, 7 (1): 45-57.

[149] ANTONIO A, SONIA F. Assessing and explaining the relative efficiency of local government [J]. The Journal of Socio-Economics, 2008.

[150] CHE Z X. The effect of fiscal decentralization on the efficiency of local public finance [J]. Korean Public Administration Review, 2011, 45 (4): 117-151.

[151] CUI, ZHENYU, NOBUO AKAI. Corruption, Political stability and efficiency of government expenditure on health care: evidence from Asian countries [J]. Central Asian Review of Economics & Policy, 2019, 1 (3): 1-18.

[152] DUCKETT S J. The Australian health care system [M]. Oxford: Oxford University Press, 2000.

[153] FAGUET J P. Does decentralization increase government responsiveness to local needs? [J]. Journal of Public Economics, 2004, 88 (3): 867-893.

[154] GAKIDOU EE, MURRAY CJL, FRENK J. Defining and measuring health inequality: an approach based on the distribution of health expectancy [J]. Bulletin of the World Health Organazation, 2000, 78 (1): 42-54.

[155] GERRING J, THACKER S C, ENIKOLOPOVC R. Assessing health system performance: a model-based approach [J]. Social Science & Medicine, 2013 (3): 34-36.

[156] GRIGOLI F, KAPSOLI J. Waste not, want not: the efficiency of health expenditure in emerging and developing economies [J]. Review of Development Economics, 2018, 22 (1): 384-403.

[157] HADAD S, HADAD Y, SIMON-TUVAL T. Determinants of healthcare system's efficiency in OECD countries [J]. European Journal of Health Economics, 2013, 14 (2): 253-265.

[158] HALKOS G E, TZEREMES N G. A conditional nonparametric analysis for measuring the efficiency of regional public healthcare delivery: an application to Greek prefectures [J]. Health Policy, 2011, 103 (1): 73-82.

[159] HAUNER D, KYOBE A. Determinants of government efficiency [J]. World Development, 2010, 38 (11): 1527-1542.

[160] HERRERA S, PANG G. Efficiency of public spending in developing

countries: an efficiency frontier approach [M]. Washington D C: World Bank Publications, 2005.

[161] HERRERA S, PANG GAO-BO. Efficiency of public spending in developing countries: an efficiency frontier approach [J]. World Bank Policy Research Working Paper, 2005, 3645: 15.

[162] HOGSTEDT C. Swedish public health policy and the National institute of public health [J]. Scand J Public Health, 2012 (3): 13-16.

[163] HSU Y C. The efficiency of government spending on health: evidence from Europe and central Asia [J]. Social Science Journal, 2013, 50 (4): 665-673.

[164] HURST J. Challenges for health systems in Member Countries of the OECD [J]. Bull World Health Organization, 2000, 78: 751-760.

[165] ISRAA A. The efficiency of healthcare spending in lower-middle-income countries: an empirical investigation using a two-stage data envelopment analysis approach [J]. International Journal of Healthcare Technology and Management, 2021, 18 (3-4): 250-274.

[166] JACK DIAMOND, Performance measurement and evaluation [J]. OECD Working Papers, 1994: 22-23.

[167] JAROV E, GUNARSSON V. Government spending on health care and education in Croatia: efficiency and reform options [J]. IMF Working Paper, 2011, 5: 136.

[168] LEE M, MILLS A. Health economics in developing countries [M]. Oxford: Oxford University Press, 1984.

[169] LIONEL D T. Determinants of health spending efficiency: a tobit panel data approach based on DEA efficiency scores [J]. Annals of Danubius University: Economics, 2015, 11 (4): 56-71.

[170] MAZON L M, FREITAS S, COLUSSI C F. Financing and management: the technical efficiency in public health expenditure of small-scale municipalities in the Stata of Santa Catarina [J]. Ciencia & Saude Coletiva, 2021, 26 (4): 1521-1532.

[171] MIRZOSAID S. Health expenditure efficiency in the commonwealth of independent states: a data envelopment analysis approach [J]. Transition

Studies Review, 2011, 18 (2): 384-404.

[172] OZCAN Y A, KHUSHALANI J. Assessing efficiency of public health and medical care provision in OECD countries after a decade of reform [J]. Central European Journal of Operations Research, 2017: 1-19.

[173] PINAR KAYA SAMUT, REYHAN CAFRI. Analysis of the Efficiency Determinants of Health Systems in OECD Countries by DEA and Panel Tobit [J]. Social Indicators Research, 2016, 129 (1): 113-132.

[174] ROUSELLE F L, CABANDA E C. The efficiency of health and education expenditures in the Philippines [J]. Central European Journal of Operations Research, 2009, 17 (3): 5-7.

[175] ROUSELLE F L, CABANDA E C. The efficiency of health and education expenditures in the Philippines [J]. Central European Journal of Operations Research, 2009, 17 (3): 5-7.

[176] SAJADI, HANIYE SADAT. Assessing the efficiency of Iran health system in making progress towards universal health coverage: a comparative panel data analysis [J]. Cost Effectiveness and Resource Allocation, 2020, 18 (1): 20.

[177] SHAH A. Fiscal decentralization in developing and transition economies: progress, problems, and the promise [M]. Washington D C: World Bank Publications, 2004.

[178] SINIMOLE K R. A study of health expenditure efficiency in India: a data envelopment analysis [J]. Journal of the Gokhale Institute of Politics and Economics, 2019, 61 (2): 175-188.

[179] WORSFOLD P. HRM, Performance, commitment and service quality in the hotel industry [J]. International Journal of Contemporary Hospitality Management, 1999, 11 (7): 17-21.

[180] ZHURAVSKAYA E V. Incentives to provide local public goods: fiscal federalism, Russian style [J]. Journal of Public Economic, 2000, 76 (3): 337-368.